온라인 1인기업 창업의 A to Z

온라인 1인기업 창업의 A to Z

발행일	2023년 12월 11일

지은이	최서연
펴낸이	최서연
펴낸곳	책먹는살롱
출판등록	120-98-28371
이메일	kcleo529@naver.com

편집/디자인	(주)북랩
제작처	(주)북랩 www.book.co.kr

ISBN   979-11-93359-09-9 03320 (종이책)   979-11-93359-08-2 05320 (전자책)

풍요로운 인생을 위한 무자본 온라인 창업 매뉴얼

온라인 1인기업 창업의 A to Z

최서연 지음

책먹는살롱

들 어 가 는 글

2017년 여름 첫 책이 나오고 7년이 흘렀습니다. 지금까지 열 권 이상의 종이책을 썼어요. 만약 제가 첫 책을 쓸 때 "너는 7년 안에 열 권을 써야 해!"라고 누가 말했다면, 저는 아마 지레 겁먹고 시작도 못 했을 거예요. 말로는 표현하지 못하는 내용을 한 글자씩 종이에 옮기다 보니 여기까지 왔습니다. 이번 책은 그동안의 1인기업 활동을 정리하는 시간이었어요. 간호사를 거쳐, 보험설계사에서 1인기업가로 활동하면서 코로나19라는 변곡점을 맞이했어요. 오프라인에서 온라인 세상으로 넘어오면서 활동량이 폭발적으로 늘어났거든요. 그때 했던 강의 중 대표적인 두 개를 책에 풀어내려고 합니다.

제가 어떻게 파이프라인을 50개 이상 만들었는지 알려드리는 〈배움을 돈으로 바꾸는 기술〉은 지금까지 천 명 이상이 수강했어요. 수강생에게 더 나은 강의를 제공하고자 1인기업 온라인 창업 전문가 2급 민간자격증까지 발급했어요. 저처럼 1인기업 강사로 활동하고 싶은 분이 많아지면서 〈온라인 강사과정〉을 만들었고요. 220만 원 고액 과정으로 2022년까지 수업을 운영했고 1인기업 온라인 창업 전문가 1급 과정으로 업그레이드했습니다.

1인기업의 교과서가 되면 좋겠다는 마음으로 〈배움을 돈으로 바꾸는 기술〉과 〈온라인 강사과정〉 수업 내용을 지면으로 소개합니다. 〈배움을 돈으로 바꾸는 기술〉은 기본 편, 〈온라인 강사과정〉이 심화 편입니다. 그러다 보니 중요한 내용은 조금씩 겹치고 반복되기도 합니다.

1장은 파이프라인 소개, 2장은 누구나 1인기업을 시작할 수 있는 3 단계 KST 소개, 3장은 온라인 강사 수익사례, 4장은 온라인 강의를 만들고 파는 법, 5장은 당부사항, 6장은 수강생 사례, 7장은 Q&A로 구성했어요.

여러분의 파이프라인을 최소 열 개 이상을 만들 때까지 이 책을 옆에 두시면 좋겠습니다. 스스로 콘텐츠를 만들어 자유롭게 강의할 수 있는 날이 되면 이 책을 여러분처럼 1인기업을 하고 싶은 분에게 추천도 해주시면 더 바랄 게 없겠습니다. 시간이 흘러도 누구나 적용할 수 있도록 트렌드가 아닌 본질적인 부분을 이야기하려고 노력했어요. 수업은 날짜별로 1기, 2기처럼 기수가 있습니다. 이 책을 읽는 여러분은 온라인 창업 1기 동기로 함께 하시겠어요? 책을 읽고 블로그나 인스타그램에 리뷰도 올리고, 서로 SNS에 방문해서 댓글도 남기고 소통해 보시면 좋겠습니다. 1인기업이라고 해서 혼자 하는 일 같지만 절대 그렇지 않거든요. 원대한 꿈을 가지고 망망대해를 항해하는 배 안에도 각자의 역할을 가진 선원들이 있습니다. 여러분의 꿈의 동지를 이 책을 통해서도 찾아보세요. 저는 여러분의 조력자가 되겠습니다. 읽어주셔서 감사해요.

당신의 풍요로운 성장을 돕는
책먹는여자

목 차

Q&A

1장

육체노동을 멈추다

"돈 벌기가 그렇게 쉬운 줄 아냐?"

밤 근무를 하고 집에 오는 날이면 병원을 그만두고 싶다고 엄마에게 울면서 말했습니다. 23살 대학교를 막 졸업한 여자아이가 2000년 초반에 200만 원 이상의 급여를 받기는 쉽지 않았을 때죠. 광주에서 대학병원에 근무하는 딸이 있다는 것도 엄마에게는 자랑거리였어요. 무엇을 하고 싶은지도 몰랐으니 그만둘 핑계도 없어서 5년을 간호사로 근무했습니다. 인간은 적응의 동물이잖아요. 연차도 쌓이니 할 만했어요.

"죄송합니다."

새 생명을 잉태했는데 축하받지 못하는 선배 간호사를 보면서 이건 잘못됐다 싶었어요. 병동 간호사는 돌아가면서 밤 근무를 해야 하는데, 임신한 사람이 있으면 다른 사람이 그 몫까지 해야 하거든요. 아이를 낳고 나오면 다른 병동으로 발령을 내기도 했어요. 제가 바랐던 직장 생활의 모습, 원하는 미래는 아니었습니다. 이제는 그만 둬도 미련이 없을 것 같아서 2007년 퇴사하고 무작정 서울로 올라왔 어요.

시대의 흐름에 따라, 호기심을 충족하며 여러 일을 했어요. 법의학 연구소에서 시체 검안 보조, 백화점이나 호텔 의무실 간호사, 보험회 사 의료 심사, 보험설계사까지 다양해요. 내 의지로 모든 일을 선택 했지만, 마음 한구석은 항상 허전했어요. 직장인에서 영업인이 된 것 은 35살 때였어요. 잘 다니기만 해도 연봉이 남 부럽지 않은데, 보험 설계사를 하겠다고 말하니 다들 미쳤다고 했거든요. 회사의 부속품 이 되기 싫었어요. 주체적으로 일하겠다는 마음에 취업 사이트를 뒤 지다가 간호사 출신 보험설계사를 뽑는다는 문구에 지원을 했습니 다. 간호사라 의료 지식도 있고, 보상팀에서 의료 심사도 했으니 나 같은 보험설계사는 드물 거라고 생각했어요.

한 달 동안 보험 교육을 받고 기존 회사 동료부터 만나기 시작했어 요. 만나주면 다행이고, 연락받지 않은 사람도 많았어요. 그러니 불 러주면 어디든 갔죠. 한 명을 만나기 위해 기차를 타고 버스로 이동 해서 온종일 걸린 적도 많아요. 길거리에 시간을 버리고 다녔어요. 그 방법으로 안 되겠다 싶어서 블로그에 보험 관련 글을 쓰기 시작했 어요. 고객을 만나기 어려울 때는 영상을 찍어서 보내기도 했고요.

블로그를 보고 보험 문의하는 고객이 생기기 시작했어요. 저처럼 일하고 싶다며 찾아오는 간호사 후배도 있었죠. 이렇게 시작된 온라인 창업이 이제는 저의 일상이자 업이 됐습니다.

지금은 육체노동 대신 시스템을 만들고 온라인에서 사람들과 만나며 돈을 벌고 있습니다. 시스템 개념은 버크 헤지스의 『파이프라인 우화』를 보면 도움이 될 거예요. 유튜브에서 같은 제목으로 검색해도 영상을 볼 수 있어요. 여러분은 물통을 나르시겠어요? 파이프라인을 만드시겠어요? 이제는 저와 파이프라인을 만들어 볼까요?

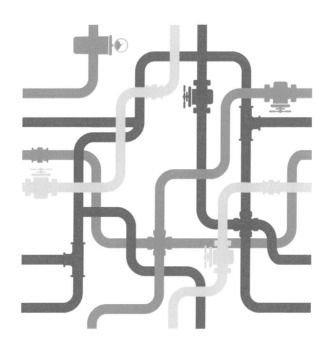

처음에는 파이프라인을 하나 만들기도 어려워요. 일단 이쑤시개처럼 작고 가느다란 파이프라인이라도 만들어봐야 한답니다. 매달 1만 원이 들어오더라도 주기적으로 현금흐름이 이어지도록 하는 거죠. 또 다른 파이프라인을 만들면 여러 파이프라인이 연결되고 확장되는 경험을 할 거예요. 시스템이 있으면 그 안에 내용이 바뀌어도 계속 생산해 낼 수 있거든요.

마이클 거버의 『사업의 철학』을 읽고 고민했어요. 혼자 하는 사업을 어떻게 확장할 수 있을지 말이죠. 지속적이면서 확장하는 사업을 하려면 '복제'를 통해 노동력을 위임해야 하거든요. 끊임없는 도전의 결과물을 책에서 소개할게요.

매일 조금씩 좋아지는 삶

일신우일신

날마다 계속 새로워질 것
한꺼번에 뭔가 이루지 말 것
매일 조금씩 좋아질 것

"급할 필요가 없어요. 포기만 하지 마세요."라고 수강생에게 자주 말해요. 나보다 가진 것도 없는데 잘 되는 사람을 보면 배도 아프고, 제 자리에 멈춘 자신을 남과 비교하며 힘들어하는 분이 많아요. 조급한 마음에 이것저것 배우다가 포기한 분도 있고요. 1인기업은 결과물이 아니라 과정입니다. 내가 원하는 삶을 살아가는 과정, 그 모든 순간이 콘텐츠가 되거든요. 사람들은 뭔가 이루었을 때야 어떤 자격이 주어진다고 생각해요. 자격은 스스로 만드는 건데 말이죠.

내 삶의 부족한 부분을 채우고, 그 과정에서 알게 된 것을 공유하고 돈을 벌 수 있어요. 사람을 모아 놓고 하는 강의뿐만 아니라, 내가 아는 것을 SNS에 한 개만 올려도 사람들에게 가치 있는 정보를

준다면 그것 또한 강의라고 생각해요. 아는 것을 실행하고, 아는 것을 다른 사람에게 알려주는 과정에서 우리의 삶은 매일 달라져요. 괜찮은 어른이 되어가는 과정, 내 인생이 단단해지는 경험을 해보셨으면 해요.

〈일의 4가지 종류〉

1. 좋아하는 일 O + 돈 O
2. 좋아하는 일 O + 돈 X
3. 좋아하는 일 X + 돈 O
4. 좋아하는 일 X + 돈 X

일에는 4가지 종류가 있다고 합니다. 자신이 어떤 단계냐고 수강생에게 물으면 대부분 2번, 4번이 많아요. 돈이 안 되는 일을 하는 경우죠. 저도 좋아하는 일을 하면서 돈을 벌고 싶어서 발버둥을 쳤어요. 시간이 지나고 보니 1~4번 모두 제 삶의 일부였어요. 좋아하는 일을 하기 위해서는 하기 싫은 일도 할 수밖에 없었죠. 장기적인 이익을 위해서는 단기적인 고통도 받아들여야 한다는 것을 알았어요.

내가 원하는 삶을 살고 싶어 선택한 1인기업을 통해 인생을 배우는 지금이 좋아요. 매일 좋아지는 삶. 거친 숨을 몰아쉬며 뛰지 않아도, 걷기만 해도 조금씩 앞으로 나아가고 있는 순간을 만끽하세요. 남과 비교할 필요가 없답니다.

아르바이트, 그 불편한 진실

아르바이트를 한 번도 해본 적이 없다는 수강생도 있었고, 자기 경험을 무용담처럼 소개하는 사람도 있습니다. 그것을 과거의 사실로 끝내지 말고 현재의 밑거름이 되도록 연결해 보는 작업이 필요해요.

〈책 먹는 여자 아르바이트 리스트〉

- 과외
- 졸업식 꽃다발 판매(2000년 초)
- 비즈 공예 액세서리 제작 & 판매 (2007년)
- 검진센터, 백화점, 호텔 의무실(2007~2008년)
- 화장품 해외직구 G마켓 판매(2007~2008년)
- 오피스텔 분양 전단, 커피 나눠주기(2017년)
- 쇼핑센터 개업식에서 인형 탈 쓰고 사탕 나눠주기(2017년)

대학교 때 과외를 했어요. 돈을 내는 사람은 아이의 엄마잖아요. 다음 달에도 과외를 이어서 할 수 있도록 엄마와 소통하면서, 아이가 공부에 흥미를 갖게 하거나 성적을 높이는 데 초점을 맞췄어요. 아이와 엄마 사이에서 적당한 줄다리기를 하는 거죠. 졸업 시즌에는 꽃다발

을 파는 일도 해봤어요. 교문에 다가오는 사람들을 향해 먼저 다가가서 꽃을 파는 일도 잘 맞았어요. 내가 모르는 나의 모습을 발견했죠.

간호사를 그만두고 서울로 올라와서 직장에 근무했는데요. 급여가 100만 원 초반이다 보니 생활비가 부족했어요. 취업 사이트를 뒤지면서 한숨을 쉬는 날도 많았어요. 주말에는 백화점, 호텔 의무실에서 근무했고요. 간호사 때 배운 비즈 공예로 목걸이, 귀걸이를 만들어서 팔기도 했어요. 지금처럼 해외 구매가 쉽지 않을 때라서 외국에서 화장품을 직접 배송받아서 팔아본 적도 있고요.

M사 의료 심사로 근무하게 되면서 아르바이트는 더 이상 하지 않았어요. 35살 보험설계사로 일하면서 100만 원도 못 벌 때가 있었답니다. 고객을 만나기도 어려우니 남는 건 시간이었죠. 20대 남자아이들과 함께 인형 탈을 쓰고 사탕 나눠주는 아르바이트도 했어요. 사탕을 받고 싶지만, 인형 탈을 무서워하는 아이들에게 먼저 다가가 춤을 추면서 관심을 끌어야 했죠.

아르바이트를 쭉 적고 보니 저는 어렸을 때부터 도전을 좋아했더라고요. 세일즈를 잘하지는 못했지만, 팔아보는 경험도 자주 했고요. 내가 겪고 있는 상황에서 탈출하기 위해 아이디어를 짜내는 것도 연습할 수 있는 시기였어요. 아르바이트 경험을 통해 저는 문제를 해결하려는 욕구가 강하다는 것을 알게 됐어요. 그러자면 상황을 객관적으로 보고 분석하는 시간도 필요하거든요. 아웃사이더의 약점이 도움 됐어요. 지금도 혼자 있는 시간에는 문제를 파악하고 솔루션을 만들어 내는 작업을 한답니다.

저보다 더 힘든 일을 하셨던 분도 있을 거예요. 그 경험을 통해 무엇을 배웠는지, 내 삶에 어떤 영향을 끼쳤는지 찾아보세요.

아르바이트 경험
1.
2.
3.

그것을 통해 배운 것
1.
2.
3.

매일 통장에 돈이 들어올 수만 있다면

　모든 것은 가계부 덕분이었습니다. 수입은 정해져 있는데, 소비를 통제하지 못했어요. 명품을 산 것도 아니에요. 싸니까 사고, 언젠가 입을 거라고 사고, 스트레스를 받아서 카드를 긁었어요. 어느 날 집 안을 보니 안 입는 옷이 비닐을 뜯지도 않은 채 쌓여있었어요. 쓰지도 않는 가방은 상자에 가득했고요. 안 되겠다 싶어서 정리를 시작했어요. 청소를 잘하고 싶어서 책을 찾아 읽었습니다. 그러다가 미니멀 라이프를 만났고 사지 않아도 되는 물건에 대한 집착을 내려놓게 됐어요. 무절제하게 돈을 썼던 제가 변한거죠.

　좋은 습관을 유지하고 싶어서 가계부를 적기 시작했는데요. 수입은 한 달에 한 번 받는 월급이 고작인데, 숨만 쉬어도 돈이 나가니까 가계부 적는 게 짜증이 나더라고요. '아. 또 사 먹었네. 돈을 아껴야 하잖아.'라면서 자책했어요. 방법을 바꿔보기로 했어요. 지출이 아닌 "수입"에 집중해 보기로요. 지출 가계부가 아닌 수입 가계부를 적기 시작했습니다.

"내 통장에는 매일 돈이 들어온다."

매일 확언을 적었어요. 십 원이라도 나에게 돈이 들어오게 하는 것부터 시작했어요. 관점을 바꾸고 보니 이미 돈이 들어오는 곳이 몇 개 있더라고요. 현금 흐름을 창출해 내는 방법도 계속 만들었어요. 그 방법은 1장에서 다 소개할게요. 어떤 수강생은 "나도 이미 알고 있었던 건데, 강사님은 이걸 돈으로 만들었네요."라면서 한숨을 쉬었어요. 맞아요. 돈 버는 방법은 누구나 알고 있는 것을 내 것으로 만들어 내는 작업부터 시작해야 해요.

사람들은 돈을 벌고 싶어 하면서도 돈을 공부하지 않아요. 재테크 기술보다는 마인드부터 바꿔야 해요. 2017년 3월 『백만장자 시크릿』을 읽고 충격을 받았어요. 작가는 우리가 돈을 모으지 못하는 이유를 돈에 대한 고정관념 때문이라고 했어요.

〈사람들이 생각하는 돈에 대한 편견〉
- 돈이 원수다
- 돈 벌기는 어렵다
- 부자는 탐욕적이다
- 돈을 너무 밝히면 안 된다

어렸을 때 엄마와 아빠는 항상 돈 때문에 싸웠어요. 저에게 돈은

'나를 힘들게 하는 존재'였던 거죠. 그러니 돈을 벌어도 모으지 못했던 거더라고요. 이 책을 읽고 고정관념을 버렸고 미니멀 라이프를 지속하고, 수입 가계부를 쓰면서 매일 돈을 끌어들이는 연습을 했답니다.

---

1. "돈"은 나에게 어떤 존재인가요?

2. 오늘부터 7일만 수입 가계부를 적어보세요.
   금액은 상관없어요. 적다 보면 알게 돼요. 이미 나는 돈을 가지고 있었음을. 친구가 보내준 기프티콘, 누군가 사준 음식도 돈으로 환산해서 적어보세요.

네이버 파먹기_블로그

2007년부터 블로그를 시작했어요. 광주에서 서울로 올라와서 처음으로 혼자 살았어요. 엄마와 함께 살 때는 몰랐던 치약, 쌀, 고추장 등 생필품을 사는 것도 돈이 꽤 들더라고요. 숨만 쉬어도 돈이 나간다는 게 이런 건가 싶었습니다. 화장품을 사는 것도 돈이 아까워서 100원짜리 샘플을 사다가 썼어요. 어떻게 하면 돈을 아낄 수 있을까 고민하다가 체험단을 알게 됐죠. 제품을 공짜로 받고, 후기를 블로그에 글을 쓰는 거였어요.

블로그가 뭔지도 모르고 일단 신청해서 제품을 받기 시작했어요. 그렇게 시작한 블로그 덕분에 이제는 블로그를 하루도 안 하는 날이 없을 정도예요.

〈블로그 나비 효과〉

- 개인 강의 요청
- 체험단_음식점, 미용실, 여행 등
- 인플루언서
- 블로그 강의
- 애드포스트
- 글쓰기 연습

블로그는 돈이 들지 않는 온라인 비서랍니다. 누군가가 책먹는여자를 궁금해하면 블로그에 와서 보기만 해도 어떤 일을 하는지 알 수 있죠. 그러니 일상을 블로그에 적어서 역사로 만들어 보세요.

.

여러분은 눈 뜨자마자 어떤 일을 하시나요? 저는 휴대폰을 들고 애드포스트를 검색해요. 적게는 몇십 원부터 천 원 단위까지 매일 돈이 들어오거든요. 매일 통장에 돈 들어오게 하는 방법의 하나가 바로 블로그 애드포스트 광고를 다는 거예요. 가끔 체험단도 해보세요. 블로그 댓글이나 네이버 쪽지로 체험단 요청이 오기도 하는데요. 체험단을 하면서 사진 찍는 법, 키워드 노출하는 것도 배울 수 있어요. 블로그를 잘 운영하다 보면(이웃 수, 조회 수 데이터에 따라) 네이버 인플루언서까지 도전할 수 있어요. 그러면 네이버에서 검색이 잘 된답니다.

잘 키운 블로그 하나만 있어도 든든해요. 인스타그램, 유튜브까지 뭐를 해야 할지 모르겠다는 분께 저는 블로그부터 기본을 잡으라고 이야기한답니다. 본문에서 소개한 "애드포스트", "인플루언서" 방법은 네이버나 유튜브를 통해서 검색하면 자세한 방법 확인할 수 있어요.

네이버 파먹기_스마트스토어

2020년 코로나일 때 수강생들이 온라인 부업을 위해 스마트스토어(이하 스토어)를 배우더라고요. 저는 주로 11번가에서 쇼핑했기 때문에 네이버에서 물건을 살 수 있다는 것도 몰랐고 팔 물건도 없었어요. 고액의 수강료를 내고 스토어 수업을 듣고도 제품을 하나도 못 올리는 수강생들을 보면서 스토어가 어렵다고 생각하고 저도 할 생각이 없었습니다.

온라인 수업이 많아지면서 결제 시스템을 통일화하고, 고객 데이터 관리가 필요한 시점이 됐어요. 시간 관리 수업을 하면서 관련 제품을 리뷰하고 좋은 제품은 유튜브에 소개하기도 했는데요. 어느 날 이 제품을 내가 직접 팔면 좋겠다는 생각이 들더라고요. 딱 떠올랐던 게 바로 스토어였어요. 통신판매업을 신고하고 사업자를 냈어요. 제품을 하나씩 등록하면서 방법을 알아가기 시작했죠. 2020년 6월 시작한 스마트스토어는 이제 소중한 플랫폼이 됐어요. 제가 판매하는 제품이 궁금하면 수강생들은 스토어에 와서 먼저 찾아보고 결제하기도 해요.

그럼 스토어에서는 무엇을 팔 수 있을까요?

유형 상품	• 위탁, 사입, 제조
무형 상품	• 강의

저처럼 강의하는 강사는 무형의 상품 강의를 팔 수 있어요. 결제 시스템으로 스토어를 활용하는 거죠. 스토어에 올리기만 해도 강의가 네이버 쇼핑 항목에서 검색되니까 강사분들은 스토어를 꼭 활용해 보세요.

강의   위탁   제조

강의를 하지 않는 분이라면 평소 즐겨 쓰는 제품을 위탁 판매부터 해보세요. 캠핑을 좋아하는 분이면 일반인보다 장비를 더 잘 알잖아요. 시즌마다 필요한 제품도 달라질 거고요. 내가 쓰면서 좋았던 제품을 친구한테 소개하듯 스토어에 올려보는 거죠. 그러려면 도매사이트에 회원가입을 해야 하고, 사업자등록증이 필요해요. 스토어는 하고 싶은데 사업자등록증에 들어갈 멋진 이름을 짓지 못해서 시작하지 못했다는 분도 있는데요. 이름보다 실행이 중요하고, 시작해서 돈을 버는 게 목적이니까 본질을 잊지 마세요.

앉아서 온라인 수업을 계속하다 보니 살이 쪄서 아침 식사 대용으로 방탄 커피를 마셨어요. 맛도 괜찮고 속도 든든해서 위탁으로 판매하기 시작했어요. 제가 방탄 커피를 마시면서 자연스럽게 일상 리뷰를 올렸더니 어디서 사냐는 분들이 있어서 스토어로 연결을 시켰죠. 마진을 늘리고 싶어서 업체에 사입이 가능한지 물어봤어요. 100개 단위로 가능하다고 해서 첫 주문을 넣었어요. 사무실에 큰 상자가 공간을 차지하니 얼른 팔아야겠다는 생각이 들었습니다. 이벤트를 했죠. 3개 이상 주문할 때 3포 추가 증정이나 무료배송으로요. 지금까지 위탁, 사입에 대해서 말씀드렸고요.

제조는 직접 내가 제작해서 판매까지 하는 경우에요. 저는 독서 노트, 감사 일기를 제작해서 지금도 판매하고 있어요. 최소 1,000권 이상은 인쇄해야 원가가 낮아져요. 제조를 경험한 덕분에 유통의 흐름과 도매의 생태계도 맛볼 수 있었어요.

<스마트스토어의 장단점>

장점

- 유통의 흐름을 알게 된다.
- 소비자에서 생산자가 된다.
- 소비자의 니즈에 관심을 가지게 된다.
- 수강생 데이터 관리를 할 수 있다.
- 결제 시스템이 편리하다.
- 상품을 한 번만 등록하면 판매가 계속된다.

단점

- 고객 컴플레인을 응대해야 한다.
- 네이버에 수수료를 낸다.

컴플레인을 받을 때면 내가 고객의 관점에서 어떤 서비스를 받으면 좋을지 생각해요. 그러면 스트레스 덜 받고 처리할 수 있어요. (교환, 반품, 환불) 네이버에 일정 부분 수수료를 내지만, 저렴한 편이라고 생각해요. 다른 플랫폼은 20~30% 수수료를 떼가는데, 네이버는 10% 아래거든요. 강의를 판매한다면 수수료를 제외한 나머지는 내 돈이겠지요? 다만 상품을 판매한다면 수수료까지 포함해서 판매 금액을 정해야 마이너스가 아닙니다. 어렵죠? 기초적인 공부가 필요한 분은 검색창에서 <네이버 비즈니스 스쿨>을 찾아보세요. 네이버에서 스토어 판매자를 위한 온라인 강의를 제공하는 사이트랍니다.

블로그를 운영하는 분은 스토어도 접근이 쉬울 거예요. 작성하는 형식은 비슷하거든요. SNS의 하나로 생각하고 도전해 보세요.

▶ 잠깐!

지금은 하고 있지 않지만, 네이버 TV나 네이버 오디오클립 수익으로 네이버에서 입금받았던 적도 있어요. 네이버에서 새로운 시스템을 도입하면 사람들을 유입시키려고 리워드나 광고비를 많이 주거든요. 예를 들어 네이버 TV가 처음 생겼을 때 누구나 영상을 올릴 수 있고 광고도 바로 붙어서 수익이 됐거든요. 얼마 지나서 구독자 몇 명 이상일 때부터 광고비 지급으로 조건이 강화됐어요. 네이버 오디오클립도 같은 경우였고요. 그래서 지금 제가 하는 건 다음 챕터에서 소개할 "네이버 프리미엄 콘텐츠"입니다.

네이버 파먹기_프리미엄 콘텐츠

이 책은 시간이 지나도 독자들에게 사랑받는 책이 되었으면 해요. 2018년부터 1인기업을 하면서 6년 차가 된 지금도 현상이 아닌 본질을 보면서 지속 가능하고, 확장할 수 있는 콘텐츠를 만들려고 한답니다. 제가 소개해 드린 플랫폼은 시간이 지나면 없어지는 것도 있을 거예요. 즉, 어떤 시기에 읽더라도 사람들의 관심사를 파악하고, 그들이 모여 있는 곳이 어딘지를 봐야 해요.

네이버 프리미엄 콘텐츠를 처음 들어본 분도 있을 건데요. 2022년 10월부터 시작해서 월평균 30만 원 정도 구독료를 받고 있어요. 2019년에 『미치지 않고서야』라는 책을 읽고 구독료라는 개념을 일반인도 적용할 수 있구나 싶었어요. 당시에는 블로그로 강의를 모집하고 있었기에 구독 서비스를 현실화하기 어려웠죠. 2020년 코로나가 심해지면서 온라인 강의 플랫폼이 생겨나기 시작했을 때 라이브클래스 사이트에서 연간 회원을 모집하고 주 1회 유료 콘텐츠를 제공했어요. 총 52개 영상, 연 1회 99,000원 구독료로 세팅했고요. 월간으로 결제 시스템을 구현하기는 어려웠는데 마침 네이버에서 만든 프리미엄 콘텐츠를 알게 됐죠. 덕분에 지금은 약 50명의 구독자가 월 5,900원을 결제하고 주 5회, 총 300개 이상의 콘텐츠를 보고 있어요.

네이버가 뭔가를 시작하면 바로 먼저 해야 장점이 있다고 했지요? 다만 시작하려면 네이버의 승인을 받아야 해요. 승인이 거절돼도 다시 도전해 보세요. 내 콘텐츠를 돈 내고 봐줄 단 한 사람만 있어도 어디예요?

네이버 프리미엄 콘텐츠의 장점

네이버에서 밀고 있는 플랫폼이기 때문에 노출이 잘 됩니다. 블로그에서 상위 노출은 어렵습니다. 블로그 영역 내에서 키워드 싸움이기 때문이죠. 프리미엄 콘텐츠는 네이버에서 뉴스나 모바일에 추천으로 띄어주기도 하거든요. 최근에 올린 〈땡초 김밥 두 줄 주세요〉는 조회 수가 5,746건입니다. 구독자가 53명인데 말이죠. 이렇게 보면 온라인 마케팅을 해야만 하는 사람에게 프리미엄 콘텐츠는 필수 플랫폼이라고 볼 수 있어요. 콘텐츠가 있는 수강생에게 시작을 권유하면, 어떤 콘텐츠를 어떻게 제공해야 할지 모르겠다고 해서 안타까워요.

책먹는여자가 프리미엄 콘텐츠 만드는 법

내가 매일 하는 일의 과정이나 결과를 적어 봐도 좋아요. 그러면 자연스럽게 그 영역의 키워드로 검색한 사람이 나를 찾을 수 있기 때문이죠. 저는 책을 읽고 좋았던 구절을 카드 뉴스로 만들어서 "하루 한 줄 동기부여" 카테고리에 올리기도 하고요. 1인기업이나 독서 모임 노하우를 영상으로 제작하기도 해요.

블로그를 하는 분은 도대체 블로그와 프리미엄 콘텐츠의 내용을 어떻게 다르게 해야 하는지 몰라서 개설만 해놨다고 하는데요. 블로그에는 "이런 결과가 나왔다."라고 현상을 이야기한다면, 프리미엄 콘텐츠에는 "이러저러한 방법으로 해보니 이런 결과가 나왔다."라고 원칙, 방법까지 소개하는 거죠. 저는 평소에 수강생에게 질문을 많이 하는 편이에요. 그 질문을 따로 모아놨다가 콘텐츠 작업을 할 때 보물창고처럼 사용해요. 덕분에 현재는 300개 이상의 유료 콘텐츠가 쌓였어요. 마흔 중반인 제가 매달 30만 원(구독자는 더 늘어나겠죠?) 이상을 연금처럼 받는다는 것은 기적이지요. 물론 수백에서 수천만 원까지 받는 사람들도 있어요. 제 스타일대로 이것저것 해보면서 내가 알고 있는 것을 글로 쓰거나, 영상으로 작업할 수 있는 훈련을 하고 있다고 생각해요. 거기에 보너스처럼 구독료까지 챙겨 받는다고 생각하면 맘 편해요. 프리미엄 콘텐츠가 쌓이면 다시 큐레이션 해서 다른 콘텐츠로 만들어 낼 거니까요.

지금까지 네이버 파먹기로 블로그, 스마트스토어, 프리미엄 콘텐츠를 소개해 드렸어요. 이것저것 해보셔도 좋지만 일단 블로그에 글쓰기 습관을 들여보세요. 매일 블로그 글쓰기를 하고 싶은데 무엇을 써야 할지 모르겠다면 "블로그 씨 질문"을 활용해 보세요. 매일 글감이 블로그로 배달되거든요.

인스타그램, 나를 보여주는 도구

23년 11월 현재 인스타그램 팔로워는 1만 명 정도입니다. 2016년 5월 nurseinsu라는 간호설계사 브랜딩으로 시작했어요. 고객과 미팅하는 사진, 약관 공부하는 사진을 올리면서 부지런한 설계사 이미지로 꾸준히 올렸어요. 그러다가 설계사를 그만두고 bookeatgirl 계정으로 변경해서 지금은 디지털노마드로 포지셔닝하고 있어요.

인스타그램 기능이 계속 추가되기 때문에 사용법에 관해서 이야기해 드리기는 어려워요. 제가 책을 쓸 때와 여러분이 읽을 때는 또 다른 기능이 추가됐을 테니까요. 어떻게 접근하면 좋을지 기본적인 내용으로 소개해 볼게요.

〈블로그와 인스타그램 비교〉

블로그	• 사진+긴 글 • 네이버 검색
인스타그램	• 사진+릴스(영상) • 해시태그 검색

대부분의 수강생은 블로그보다 인스타그램을 선호하더라고요. 아예 블로그를 안 하는 분도 있고요. 이유를 물어봤더니 "저는 글을 잘 못 써요. 인스타그램은 사진만 있으면 되잖아요."라고 답했어요. 즉, 블로그는 글을 쓰는 도구, 인스타그램은 사진이라는 공식으로 접근하는 건데요. 짧은 글도 긴 글보다 잘 작성해야 메시지가 전달됩니다. 사진도 대충 찍은 것보다 잘 찍은 게 좋고요. 쉽다는 관점에서 인스타그램을 하기보다 내가 팔려는 제품이나 서비스에 관심을 가진 사람이 모여 있는 곳이라고 생각해 보세요. 잠재고객 집합소인데 대충 사진을 찍고 왜 올렸는지도 모를 사진만 덩그러니 설명글도 없이 올릴 건가요?

이 부분에서 브랜딩이 적용돼요. 나라는 사람이 어떻게 인식되기를 바라는지, 조각하는 마음으로 매일 인스타그램을 해보세요. (몇 번 반복하겠지만 이 책을 읽을 시점에서 인스타그램을 대체할 다른 플랫폼이 나타났다면 개념만 똑같이 적용하세요.) 저는 지혜롭고 건강한 부자 되기 콘셉트로 여행, 독서, 재테크에 대한 사진이나 영상을 올리고 있어요. 제 고객은 저처럼 여행하면서 어디서든 돈 버는 삶을 원하는 30대 후반에서 50대 중반까지 여성이 많아요. 그들이 꿈꾸는 모습을 제가 이미 살고 있다면, 관련 강의를 하고 제품을 팔았을 때 관심을 두고 구매할 확률이 높으니까요. 인스타그램을 통해 직접 판매를 하기 전에 제가 이미 그런 일에 능숙한 전문가라는 인식을 시키는 사전 작업을 충분히 하는 편이에요.

'와. 이 사람은 책을 정말 많이 읽네. 추천하는 책도 좋구나. 음. 독서 모임에 한 번 참여해 볼까?'

'어떻게 매번 여행을 다닐 수가 있지? 여행 다니면서 돈을 버는 방법이 있나? 나도 살고 싶었던 삶인데…'

'1인기업이라는 게 있구나. 나도 언젠가는 회사를 나와야 하는데 1인기업이 될 수 있을까? 나는 콘텐츠도 없는데 뭐를 할 수 있을까? 이 사람이라면 나를 도와줄 수도 있을 것 같은데?'

사람들의 욕구를 끌어내는 거죠. 제가 어떤 생각을 갖고 무슨 일을 하며 사는지 보여주는 게 더 중요한 홍보인데, 사람들은 홍보라고 하면 강의 모집 글, 제품 판매 링크만 올리면 되는 줄 알아요. 그건 추후의 문제에요. 인스타그램 한 개를 올리더라도 메시지를 담아보세요. 사람을 모아 놓고 하는 것만 강의가 아니에요. 내가 알고 있는 것을 사람들에게 알려준다면 그것이 인스타그램이나 블로그, 유튜브여도 강의라고 생각해요. 읽을만한 글, 도움이 될 만한 내용, 눈길이 머무는 사진으로 자신을 드러내 보세요.

진작 할 걸 그랬어! 유튜브

유튜버가 정규 방송에 나오고, 연예인도 각자 자신의 유튜브 채널에서 일상을 보여줍니다. 몇억 이상의 돈을 버는 사람도 있고요. 이런 사람을 보면서 어떤 생각이 드냐고 수강생에게 물어보면 "저도 진즉 할 걸 그랬어요."라고 말해요. 지금도 늦지 않았다고 말하면 또 뭐라고 하는지 아세요?

"살 좀 빼고요."
"편집 좀 배우고요."
"누가 내 영상을 볼까요?"

요즘은 1분 미만의 영상으로 편집 없이 짧게 올릴 수도 있고, 얼굴을 보여주지 않아도 됩니다. 유튜브 구독자가 많지 않아도 돈을 버는 방법이 있답니다. 알려드릴게요. 한번 해보시겠어요? 제가 유튜브 강의를 하게 된 이유부터 말씀드릴게요. 2007년부터 블로그를 하고 십 년 정도 됐을 때 우연히 블로그 강의를 듣게 됐어요. 3시간에

33만 원 정도 했던 거 같아요. 강사도 저와 같은 시기에 블로그를 시작했는데 파워블로거로 유명해졌고, 체험단도 꾸리는 사업체를 운영하고 있더라고요. 그때 머리에 지진이 났어요. '난 여태 뭐했지?'라는 생각이 들면서, 블로그 하나만 잘해도 돈을 벌 수 있구나 싶었죠. 그날 제가 33만 원을 내고 배운 건 블로그가 아니라 온라인 생태계였어요.

2017년부터 시작했던 유튜브 구독자가 1,000명 정도 됐을 때 2018년부터 2019년까지 전국을 돌아다니면서 유튜브 강의를 했어요. 제가 아는 정도만 알려드렸는데도 수강생들은 유튜브를 드디어 시작할 수 있게 됐다면서 감사하다고 했어요. 수강료는 7만 원(1인), 하루 강의하면 수강생에 따라 50~100만 원 정도 벌었어요. 지금 생각해도 그때 유튜브 강의를 시작하길 잘했어요. 자격증이 있어야지만 누군가에게 알려주는 게 아니더라고요. 내가 아는 아주 쉬운 것도 콘텐츠가 될 수 있다는 것을 경험했습니다.

유튜브 하나로 어떻게 여러 가지 파이프라인을 만들 수 있는지 소개해 드릴게요.

유튜브 하나로 돈 버는 법

1. 애드센스

일정 요건을 충족하면 유튜브에 광고가 붙고, 광고료를 받을 수 있어요. 광고료는 기본값이라고 생각하고, 영상으로 돈 벌 수 있는 여러 가지 방법을 고민해 보세요.

2. 유튜브 수업

저는 '휴대폰 하나로 북튜버 되기'라는 주제로 강의했어요. 뭔가 대단하지도 않았어요. 제가 책을 소개하는 방법, 영상 찍고 편집하고 올리는 것만 알려드렸거든요. 영상을 최소한 30개 이상은 작업해 보고 나만의 매뉴얼을 만들어 보세요. 그 매뉴얼을 알려주는 것을 수업으로 시작해 보세요.

유튜브 수업을 계속했더니 도서관에서 출강 요청이 와서 3주 강의를 한 적도 있어요. 기회는 어디서 폭죽처럼 터질지 모르니 계속 온라인에서 흔적을 남겨놓으세요.

3. 협찬

유명 연예인만 협찬받는 건 아니더라고요. 저는 책으로 협찬받아요. 여러분이 올리는 주제가 뷰티이면 화장품, 캠핑이면 관련 용품,

육아를 하면 아이 제품 등 내 관심 주제와 비슷한 협찬 제안이 들어올 때가 있어요. 어차피 돈 주고 사서 쓸 제품이었는데 무료로 받는다고 생각하면 마음이 편하고요. 자꾸 영상을 올려봐야 편집 기술이 좋아지니 연습 삼아 협찬까지 받는다고 생각을 바꿔보세요.

처음에는 제품만 협찬받다가 구독자가 많아지거나 영상이 괜찮다 싶으면 출판사에서 유료 제안도 들어와요. 저는 책 소개할 때 20만 원 정도 받았는데요. 2019년까지만 유료 북리뷰 작업을 하고 그 후로는 하지 않아요. 저와 맞지 않는 책을 소개하는 게 불편하고, 조회수가 많이 안 나오면 스트레스를 받아서 그만뒀어요.

4. 기업 강의 요청

일 년에 한두 번 정도 기업에 강의하러 가요. 교육담당자한테 어떻게 알고 강의를 요청했는지 물어보면, 네이버에서 검색했고 유튜브도 있어서 봤다고 하더라고요. 블로그는 글로만 볼 수 있지만 유튜브에서는 제 얼굴, 목소리, 말투까지 알 수 있잖아요. 교육담당자는 강사 섭외를 실수하면 안 되니까 확인하는 절차에서 유튜브가 한몫하는 거죠.

5. 강의 모집

강의 모집 안내 영상을 유튜브에 올려서 홍보했더니, 당시 독서 모임 회원의 20~30%가 유튜브를 보고 신청했어요.

6. 책 홍보

1~5번 시스템 덕분에 이제는 저만의 유튜브 플랫폼을 구축했어요. 책을 읽고 영상을 찍는 것이 자연스러워졌고, 책먹는여자 브랜딩으로 콘텐츠가 가능해진 거죠. 한 달에 한두 건 정도 책 홍보 유료 서비스를 하고 있어요. 홍보가 필요한 작가를 대상으로 영상을 만들고, 작가 인터뷰를 진행해요. (건당 30만 원)

인간은 표현의 욕구가 있어요. 그것이 글이나 말일 수 있죠. 친구와 몇십 분 동안 통화하고 "우리 만나서 자세한 이야기 하자!"라고 말하는 분이라면 유튜브가 딱 맞아요. 그 시작을 응원합니다.

말만 해도 되는 팟빵

유튜브 수업 모집 글을 올리면 꼭 이런 댓글이 하나씩은 달렸어요. "하고는 싶은데 얼굴 나오는 게 부담돼요." 유튜브도 얼굴 없이 손만 나오게 할 수 있고, 저처럼 강의안만 보여주면서 녹화할 수 있는데요. 이렇게 설명해도 시작을 힘들어하는 분들이 있더라고요. 그때 "당신의 목소리를 들려주세요"라는 슬로건으로 팟빵 수업을 시작했어요. 팟빵은 개인 라디오 방송국이라고 생각하면 쉬워요. 다시 한번 말씀드리지만, 팟빵이라는 플랫폼이 중요한 게 아니란 거 아시죠? 수강생의 불만이나 문제를 다시 콘텐츠로 만들어 내는 무한 확장 관점에서 책을 보시면 좋겠어요. 팟빵 수업은 인기가 좋았어요. 목소리만 녹음하면 되니까 부담이 없다는 분들도 많았죠. 저로서는 휴대폰 하나만 있으면 영상을 촬영할 수 있는 유튜브가 편하다고 생각하지만, 고객의 문제를 해결해 주는 것에 초점을 맞췄습니다.

〈팟빵으로 돈 벌었던 이야기〉

- 팟빵 크리에이터 수업 6기까지 진행
- 팟빵 광고 수입(바로 광고가 붙음)
- SNS 콘텐츠 생산: MP3 음원에 이미지를 입혀 유튜브 영상으로 다시 업로드
- 스마트스토어: 작업에 필요한 마이크를 위탁으로 판매

- 최근에 받았던 고객의 질문은 무엇이었나요?

- 그것을 해결하는 방법은 무엇인가요?

평생 딱 하나만 할 수 있다면, 독서 모임

지금까지 소개해 드린 파이프라인은 시간순이에요. 2007년 블로그를 시작으로 계속 콘텐츠를 확장했어요. 뒤로 갈수록 "와. 이게 이렇게 연결된다고요?"라면서 놀라는 수강생도 있었어요. 이번에는 독서 모임이에요.

2017년 1월, 처음으로 독서 모임에 참여했어요. 책은 혼자만 읽으면 되는 줄 알았거든요. 가서 무슨 말을 해야 하나 싶기도 했고, 질문을 받으면 창피할까 봐 걱정됐어요. 첫날 모임에 참여하고 저는 꿈 리스트에 "독서 모임 리더 되기"라고 적었어요. 같은 해 여름부터 보험설계사 독서 모임을 꾸려서 2년 정도 운영했어요. 다른 회사의 보험설계사를 만나는 즐거움도 있었고 책 한 권으로 다양한 스토리가 펼쳐지는 독서 모임을 사랑하게 됐어요. 독서 모임에 처음 온 회원도 다른 분들과 모임을 꾸려보고 싶다고 하더라고요. 그래서 제가 운영했던 것처럼 하면 된다고 했어요. 잘 모르겠다고 아예 알려달라고 해서, 2019년 여름부터 독서 모임 운영하는 방법에 대해 강의했죠.

그사이 독서 모임을 운영했던 주제는 20개가 넘었고, 독서 모임 리더를 공부하는 분들도 수백 명이 됐답니다. 3만 원짜리 강의는 55만 원까지 수강료가 올랐습니다. 실시간 수업으로 5시간이 걸리는 내용이다 보니, 2022년부터는 온라인 클래스로 만들어 누구나 원하는 시간에 녹화영상을 보고 공부하도록 시스템을 만들었어요.

독서 모임으로 돈 버는 법

1. 독서 모임 자체

1회당(한 권) 1만 원 정도 받고 시작해 보세요. 처음이니까 무료로 한다는 분도 많은데요. 차라리 신청자가 단 한 명이어도 돈을 받고 시작하면 좋겠습니다.

2. 독서 모임 리더 위임

저는 호기심이 많아요. 반대로 말하면 금방 싫증을 내죠. 아이디어는 넘치고 몸은 하나라서 레버리지가 필요한 시기가 왔어요. 처음에는 저와 오랜 시간 독서 모임에 함께 했던 수강생 중 한 명씩 섭외해서 운영하던 독서 모임을 맡겼어요. 그러다가 독서 모임 리더 수업을 진행하면서는 자격증을 받은 리더에게 프로그램을 넘겼어요. 기업만 프랜차이즈가 가능한 건 아니더라고요. 위임 후 수익 정산은

7:3(리더:책먹는여자)으로 진행했어요.

3. 독서 모임 리더 자격증 온라인 반

디지털노마드로 살면서 지금도 가장 중요하게 생각하며 실행하고 있는 게 뭔지 아세요? 지속해서 꾸준히 돈이 들어오는 흐름을 만드는 거예요. 즉, 파이프라인에 항상 신경 쓰고 있어요. 온라인 수업이 잘 돼서 감사하기도 했지만, 2~3시간씩 앉아서 수업하고 나면 진이 빠지더라고요. 스트레스를 받으니 야식을 먹으면서, 인생 최대의 몸무게까지 찍게 됐어요. 이건 아니다 싶어서 2021년부터 강의 영상을 녹화해서 VOD로 판매하기 시작했어요. 그리고 남다른 클래스로 만들고 싶어서 민간자격증까지 만들어서 발급하고 있답니다.

책먹는여자의 온라인 클래스

온라인 강의 플랫폼, 클래스유에 올려진 강의 몇 개를 소개해 드릴게요.

- 독서 모임 리더로 1인기업 시작하기
- 천 원부터 시작하는 소액 재테크
- 시간을 돈으로 만드는 똑똑한 플래너 작성법
- 강사를 위한 스마트스토어로 강의 파는 법
- 아무도 가르쳐 주지 않는 독서 모임 리더 노하우 20
- 콘텐츠 찾고 만들어 파는 법

독서 모임 하나 덕분에 책먹는여자 브랜딩도 단단해졌고, 제가 원하는 파이프라인까지 만들게 됐어요. 책 좋아하세요? 딱 한 명이라도 함께 할 사람이 있다면 독서 모임을 시작해 보세요.

독서 모임 기획서 작성
• 선정 도서 :
• 이 책이 도움이 되는 사람:
• 회비:
• 일정:
• 장소: 온라인 / 오프라인
• 내 독서 모임의 장점:

직업에 작가를 추가하다

작가를 꿈꿔 본 적도 없던 제가 10권 이상을 출간하고 이제는 책 쓰기 수업까지 하게 됐습니다. 2017년부터 꾸준히 책을 썼던 덕분에 가능한 일이었어요. 보험상담을 받고 싶다고 하면서 자신을 작가라고 소개하는 한 남성이 2016년 11월 블로그에 댓글을 달았어요. 주변에 작가는 한 명도 없었기 때문에 떨리더라고요. 마침 직장이 가까워서 선릉역에서 만났어요. 보험 이야기를 해야 하는데, 본인이 쓴 『모멘텀』(황상열, 휴앤스토리, 2016)을 주면서 저한테도 글을 써보라고 하더라고요. 블로그에 보험 관련 글을 올려서 온라인 홍보를 하던 때라 추천해 준 글쓰기 수업을 들어도 좋을 것 같아서 11월 말에 바로 등록했어요.

보험설계사 6개월 차에 글을 쓰기 시작했고 수업에서 하란 대로 매일 써서 A4 100페이지의 원고를 완성했어요. 석 달도 안 돼서 말이죠. 그때까지 저란 사람은 뭐 하나 제대로 끝내 본 적이 없었어요. 배우다 중간에 멈추고 "해봤으니 됐어. 음, 이런 거구나!"라고 평계를 대면서 끝을 항상 흐렸어요. 그랬던 제가 매일 아침 평소보다 일찍 일어나 글을 썼을 뿐인데 책이 나왔다는 사실은 충격이었어요.

"죽어서 육신이 썩자마자 사람들에게 잊히고 싶지 않다면, 읽을만 한 가치가 있는 글을 쓰든지, 글로 남길 만한 가치가 있는 일을 하 라." 『타이탄의 도구들』에 나오는 말이에요. 전업 작가가 아니더라도 괜찮아요. 누구나 자신만의 일을 하잖아요. 연차가 올라가면 신입이 들어오죠. 이 일을 처음 하는 사람에게 알려준다는 마음으로 말이 아닌 글로 표현하면 책이 되거든요.

2017년 『행복을 퍼주는 여자』를 시작으로 개인 책, 공저, 전자책까 지 포함해서 스무 권을 넘게 썼어요. 강의를 하는 분이라면 공감할 거예요. 나로 인해 누군가의 삶에 영향을 주고 도움을 줄 수 있다는 것이 얼마나 큰 기쁨인지요. 그 도구가 강의일 수도 있고 책으로도 되는 거랍니다. 이 책도 그동안 진행했던 강의를 기본으로 해서 더 많은 분이 책을 보고 1인기업으로 발돋움하도록 글을 쓰고 있는 거 고요.

어떤 분은 글이 쓰고 싶은데 용기가 없기도 하고요. 어떤 분은 "책 쓰기가 돈이 되나요?"라고 묻기도 해요. 책으로 돈 버는 방법은 질문 을 많이 받아서 『북튜버, 도서 인플루언서의 책으로 돈 버는 방법에 대한 이야기』전자책을 써서, 누구나 바로 보실 수 있도록 만들었어요. 이번 책에서는 어떻게 제가 책과 관련된 활동을 하고 있는지 보여드릴게요.

- 종이책 쓰기: 나를 브랜딩한다. (일 년에 한 권씩 출간하는 목표)
- 전자책 쓰기: 내가 알고 있는 것을 쪼개서 말이 아닌 글로 알려준다는 마음으로 쓴다.
- 글쓰기 수업: 나를 찾아가는 21일 에세이 수업
- 책 쓰기 수업: 종이책, 전자책 각각 진행

지금도 아침에는 글을 쓰고 저녁에는 책 쓰기 수강생의 글을 봐주면서 하루의 시작과 끝을 글과 함께해요. 글쓰기를 해본 적도 없는 사람이 7년 동안 책을 썼고 이제는 저만의 책 쓰기 수업도 하고, 자격증까지 발급할 수 있게 됐어요.

당신도 책을 쓰면 좋겠습니다. 글쓰기의 위로를 경험해 보세요. 계속 글을 쓰다 보면 나만의 방법이 생겨요. 그것을 다시 누군가에게 알려주면 돼요. 책을 쓰면 좋은 현실적인 이유를 하나만 더 알려드릴까요? 외부 강의를 나가면 책과 관련 없는 수업을 할 때도 교육담당자는 저를 '작가님'이라고 불러요. 여러분이 기업 교육담당자라면 책을 쓴 사람과 아닌 사람 중 누구를 선택할 것 같으세요? 출간까지 한 강사가 우세하지 않을까요? "요즘 책 안 쓰는 사람이 없던데요? 저는 그냥 실력을 키울래요. 다 쓰는데, 저까지 써서 뭐 해요?"라는 분도 있었어요. 제 시스템대로면 두세 달 안에 초고를 쓰고 빠르면 6개월, 늦어도 일 년이면 책이 나오는데 안 쓸 이유가 있나요? 다른 자기 계발할 시간에 책 쓰기에 집중해 보면 어때요? 초보 작가라면 인세보다는 인지도의 관점에서라도 책 쓰기를 시작해 보면 좋겠어요.

강사 되기_ 씽크와이즈 편

저는 딸 다섯 중의 막내인데요. 엄마를 닮아서 오지랖이 넓어요. 사람들에게 제가 아는 것을 알려주기 좋아해요. 간호사 때는 병동 교육부장을 맡았고, 보험사에서는 보상과 직원들에게 의료 교육을 했어요. 그때는 몰랐는데, 제가 알려주는 것을 좋아하니까 사람들이 알고 저한테 맡긴 거더라고요. 어떨 때는 타인을 통해서 나를 알 수도 있습니다.

보험설계사를 할 때도 마찬가지였어요. 나가서 보험계약을 해야 실적을 올리는데요. 저는 책상에 앉아서 고객에게 받아온 보험증권을 분석하고 보기 좋게 자료 정리할 때가 좋더라고요. 고객에게 보험 약관까지 보여주며 설명하고 있으면 "서연 씨는 보험을 쉽게 설명해 줘서 좋아요."라고 칭찬받기도 했고요. 바로 "그럼 저와 계약하시죠." 이래야 하는데 더 알아보고 연락 달라는 말만 남기고 온 적도 많아요.

보험설계사로 5년 동안 일하면서 천만 원도 못 모았어요. 하지만 제가 스스로 지원했고 세일즈 프로세스를 배울 수 있었기에 후회하지 않아요. 저보다 의료 정보가 더 없는 설계사가 챔피언이 됐을 때는 화도 났어요. 저는 깨달았죠. 내가 알고 있는 정보의 양보다 고객에게 맞게 정보를 제공해야 하고, 타이밍에 맞춰 클로징(계약 성사)을 해야 한다는 것을요. 제가 무엇을 못 하고 잘하는지를 알게 됐다는 것이 가장 큰 수확입니다.

설계사를 하면서도 책을 계속 읽었기에 자기 계발에는 관심이 있었어요. 계약도 잘 안되고 만나기로 한 고객도 연락을 안 받으니까 슬럼프가 오더라고요. 그때 책에서 '마인드맵'을 처음 알게 됐어요. 인터넷을 찾아보니 그림을 잘 그려야겠더라고요. 포기하려던 찰나 디지털 마인드맵을 만나고 바로 수업을 들었죠. '아. 왜 이제야 만났을까?'라는 후회와 기대감이 밀려오는 순간이었어요. 사람만 천생연분이 있는 게 아니더라고요. 디지털 마인드맵 씽크와이즈를 배우면서 제대로 써보고 싶다는 욕심이 생겨서 강사과정까지 등록했어요. 2017년 11월에 수업을 들었고요. 마인드맵을 만들면서 SNS에 올렸어요. 그랬더니 사람들이 알려달라고 하더라고요. 2018년 1월 인당 3만 원씩 받고 총 4명에게 수업을 했고 현장에서 12만 원을 받았어요.

기분이 어땠을까요? 보험설계사로 10만 원의 수당을 받는 것보다 수월하고 재미있었어요. 고객에게 연락하고, 만나준다는 전제하에

카페에서 미팅하면 차비, 커피값이 들어요. 상담을 진행하고 상품을 제안해요. 바로 가입해 주나요? 아니죠. 생각해 보겠다고 하면 세월 아 네월아 부르면서 시간만 지납니다. 그럼 또 계속 연락하죠. 그렇게 보험계약이 성사되더라도 투입된 에너지 대비 타율이 낮았어요. 그런데 강의는 달랐어요. 마인드맵 전문가도 아니었던 제가 블로그에 모집 글을 쓰고 통장에 입금받고 내가 알고 있는 것만 알려줬는데 돈을 벌다니⋯. 배신감이 들었어요. 이렇게도 돈을 벌 수 있다는 사실에 화가 났어요. 왜 이걸 몰랐을까 싶었죠. 그 분노를 에너지로 이용해서 지금까지 강사로 살고 있어요.

제가 지금 여러분에게 씽크와이즈, 마인드맵을 배우라고 드리는 이야기가 아닌 거 아시죠? 나에게 필요한 공부를 했다면 그것을 누군가에게 알려주면 된다는 게 핵심이에요. 그럼, 제가 소개하는 콘텐츠에 여러분의 키워드만 바꾸면 된답니다.

〈씽크와이즈로 돈 벌었던 방법〉

- 온라인 또는 오프라인 실시간 강의한다.
- 본사와 비즈니스 관계를 맺는다. (본사 제품이나 강의를 소개하면 수수료를 받을 수 있음)
- 실시간 강의를 녹화해서 VOD로 판다. (자면서도 돈 버는 방법임)
- 유튜브 광고비를 받는다. (수강생의 질문을 녹화해서 유튜브에 올림. 말로만 설명하는 것보다 이해도가 높아짐. 수강생을 만족시키는 것은 물론이고 독학하는 사람들도 영상을 보고 공부할 수 있음. 영향력뿐만 아니라 유튜브 광고 수익까지 얻음)

지금 어떤 공부를 하고 있나요? 혼자 공부하는 것보다 누군가에게 알려준다고 생각하면 학습력도 높아집니다. 다음 챕터에서 사례를 하나 더 소개해 드릴게요.

- 씽크와이즈 프리미엄 쿠폰 받고 3개월 동안 무료로 사용해 보기

강사 되기_ 3P 바인더 편

보험설계사 시절 바인더를 소개받고 사용하기 시작했어요. 다이어리를 어렸을 때부터 썼지만 한해의 마지막까지 작성해 본 적은 없었어요. 용두사미였죠. 3P 바인더[1]는 알고 쓰면 삶이 달라지는 도구입니다. 저도 2016년부터 2018년까지는 배우지 않고 대충 썼어요. 들고 다니면 폼나기도 하고, 일반 다이어리를 쓰는 사람들도 이게 뭐냐고 물으니까 괜히 으쓱하더라고요. 제대로 써야겠다 싶어서 그때부터 사용법 수업을 들었어요. 500만 원 이상 수업료로 썼어요. 아까웠냐고요? 무슨 돈을 이렇게 많이 썼냐고요?

바인더를 배우고 강사가 되면서 큰 깨달음을 얻었어요. 제가 수강생에게 반복해서 말하는 "원금 회수"인데요. 무엇인가 배우고 싶다면 내가 먼저 돈을 써야 합니다. 무료 강의가 노쇼가 많은 이유도 비슷해요. 유료 수업은 어떻게든 사람들이 참여하려고 하거든요. 자신이

---

1   3P: Process, Performance, Professional 약자. 3P 바인더는 20공 A5 사이즈 다이어리임

돈을 냈기 때문이죠. 그리고 돈을 썼다면 최소한 수강료 정도는 다시 회수해 보는 것을 중점으로 해보세요. 그럼 그저 배우기만 하면서 강의 쇼핑하던 버릇이 고쳐질 거예요. 원금은 어떻게 회수할까요? 내가 알고 있는 것, 배운 것을 남에게 알려주면 됩니다.

〈2018년 5월 3P 바인더를 배우고 돈 벌었던 시스템〉

- 실시간 강의(월간 피드백 모임 1만 원, 습관 만들기 3만 원, 원데이 클래스 5만 원, 4주 과정 36만 원)
- 반복되는 기본강의는 녹화영상으로 제작해서 VOD로 판매
- 제품 판매(본사와 파트너 관계로 스토어에 제품 판매)
- 소개 수수료(수강생이 본사 정규 강의를 들으면 수강료 일부를 수수료로 받음)
- 콘텐츠 작업(수강생의 질문을 영상으로 만들어 유튜브 업로드/광고 수익)

어떤가요? 강사과정을 듣고 강의 하나를 하는 것으로 끝나지 않아요. 강의도 한 개만 하는 게 아니라, 여러 과정으로 쪼개서 콘텐츠를 설계할 수 있어요. 중요한 말이라 한 번 더 강조할게요. 씽크와이즈나 3P 바인더를 배우고 강의하라는 이야기가 아니고요. 내가 궁금하고 알고 싶은 것을 찾아서 결핍을 채워보세요. 그리고 그것을 누군가에게 알려주는 겁니다. 거기서부터 시작하고 확장하면 됩니다.

배우고 싶은 자기 계발 리스트 적어보기
1.
2.
3.

가장 먼저 배우고 싶은 것

원금 회수 방법

일대일 컨설팅의 힘

강의를 하다 보면 수강생에 따라 받아들이는 속도가 다릅니다. 알아서 잘하는 사람, 조금 더 이끌어 주면 잘할 사람도 있고, 신청은 했지만, 아예 관심이 없는 사람도 있어요. 이럴 때는 일대다수로 강의하고, 부족한 부분은 일대일 컨설팅으로 해결하는 방식으로 접근해 보세요.

"제가 무슨 일대일 컨설팅을 해요?" 1인기업을 하는 수강생에게 저는 꼭 일대일 컨설팅 프로그램을 세팅하도록 이야기해요. 그러면 컨설팅이라는 말부터 부담스러워하더라고요. 저도 이런 부분 때문에 KAC 코칭 공부까지 했는데요. 코칭과 컨설팅은 다르지만, 저는 코칭과 컨설팅을 적절히 섞어서 일대일로 진행해요. 코칭은 상대방에게 이미 답이 있다는 것을 전제로 해서 질문하고, 컨설팅은 제가 해결책을 알려주는 건데요. 컨설팅에 온 사람 중에 상당수가 답답해서 신청은 했지만, 자신의 문제가 무엇인지 모르는 경우가 많아서 코칭형으로 질문으로 시작한답니다.

일대일 컨설팅 시작하기

컨설팅을 한 번도 안 해봤다면 이렇게 해보세요. 무료로 30명 이상 컨설팅을 진행해 보는 거죠. 저는 수업 후기를 쓴 수강생이나, 인증 프로그램에서 몇 개 이상 미션을 수행한 사람에게 컨설팅 신청을 할 수 있도록 했어요. 대략 300명 이상의 수강생과 무료로 컨설팅했던 것 같아요. 시간은 15분으로 짧게 했고요. 딱 한 개의 질문을 가지고 와서 그 부분만 이야기하는 거죠. 컨설팅에 요청했던 질문만 모아봤 더니 공통적인 부분이 나오더라고요. '아. 사람들이 나에게 이런 것을 궁금해하는구나!'라고 알게 됐죠. 질문 내용을 조합해서 〈배움을 돈으로 바꾸는 기술〉, 〈온라인 강사 되기〉 수업을 만들었습니다. 바로 이 책의 모태가 되는 강의이기도 하죠.

처음에는 무료로 진행하면서 질문을 데이터로 모아 놓으세요. 이 제 유료로 진행해도 되겠다 싶은 순간을 직감적으로 알 거예요. 모르겠다면 최소 30명 이상 무료로 진행하고, 1시간에 5만 원 정도 받는 것으로 시작해 보세요. 저도 그렇게 시작했고 지금은 55만 원까지 받고 있어요.

사람들은 "밥 한번 먹자. 커피 한잔하자."라고 하면서 저한테 궁금한 걸 묻기도 하는데요. 그럴 때 컨설팅이 필요한 사람이면 정식으로 요청하도록 이야기하기도 해요. 저에게 정보를 얻고자 한다면 상대 방부터 거기에 알맞은 준비를 해야 하지 않을까요? 지금 바로 일대일 컨설팅 프로그램을 만들어 보세요.

나 대신 강의시키기_ 강의 자동화

강의를 모집하는 것도 일이지만, 온오프라인으로 그 시간에 맞춰 매번 같은 강의를 해야 하는 것도 줄여야 하는 일 중의 하나였어요. 무슨 말이냐고요? 10번 강의해서 500만 원 벌었다고 할 경우, 1,000만 원을 벌고 싶다고 20번 강의하는 삶을 살고 싶지는 않았어요. 육체노동과 다를 게 없으니까요. 새로운 것에 대한 호기심이 많아서 다른 분야를 배워서 알게 된 것을 알려주는 기쁨도 있었는데, 매번 같은 강의를 하는 것도 피하고 싶었어요.

3P 바인더나 씽크와이즈는 강의를 많이 하기도 했고 입문 과정은 제가 아니어도 강의를 하는 사람이 많아졌어요. (수강생이 강사가 되는 경우도 늘어남) 그렇다고 그 강의를 오래 해왔는데 완전히 손을 떼는 것도 아까웠죠. 어떻게 했을까요? 강의를 녹화해서 온라인 클래스를 만들어서 VOD로 팔았어요. 실시간 강의보다 금액적으로 적을 때도 있지만 한 번만 촬영하면 계속 판매가 되니까 이 방법을 선택했죠. 이렇게 촬영해서 판매하는 강의가 10개가 넘어요.

강의 자동화하는 법

1. 강의 촬영

한 개의 영상당 3~5분 내외로 짧게 촬영해요. 저는 노트북, 웹캠, 마이크로 작업하고요. 동영상 촬영은 곰캠으로 하고 있는데, 처음 하는 분은 ZOOM 프로그램으로 해도 무관해요. 편집은 거의 하지 않아요.

2. 강의 판매하기

2021년부터 라이브클래스, 2022년부터 클래스유 사이트에 영상을 판매하고 있어요. 이후에도 많은 플랫폼이 생겼으니 잘 찾아보시고 자신에게 맞는 곳을 선택해 보세요. 수강생과 상담하다가 그분에게 필요한 내용이 있으면 영상을 공부할 수 있는 링크를 알려줍니다. 예전에는 "아. 그 수업 지난 달에 했는데…."라며 입맛만 다실 때도 많았죠. 2021년부터 2022년까지 자동 판매 매출은 대략 천만 원이 넘었어요.

온라인 강의를 판매하고 싶은 수강생과 이야기를 나누다 보면, 영상 촬영부터 어려워하시더라고요. 혼자 말하고 녹화하는 게 쉽지 않죠. 저는 유튜브를 오래 한 덕분에 영상 촬영이 매우 어렵지는 않았어요. 하나의 팁을 알려드리면 온라인 강의를 하기 전에 같은 주제로 실시간 수업을 세 번 정도 진행해요. 강의도 입에 익고 수강생이 현장에서 했던 질문이나 반응을 기억했다가 혼자 녹화할 때, 마치 앞에 사람이 있는 것처럼 촬영할 수 있어요.

일상을 프로젝트로 만드는 법

배워서 강의하는 방법도 있지만, 일상을 프로젝트로 만들어서 모임부터 시작할 수도 있어요. 제 결핍을 채우는 과정에서 나와 같은 문제를 고민하는 사람들과 함께하는 거죠. 프로젝트는 목표와 기한이 있어요. 언제까지 무엇을 하겠다는 거죠. 강의는 알려줘야 한다는 부담감이 있고 내가 그 정도로 전문가는 아니라는 마음에 시작이 어려운데요. 프로젝트는 누구나 바로 시작할 수 있어요.

2019년에 감사 일기를 쓰고 있었어요. 2년을 썼는데도 300일이 안 채워지더라고요. 자기계발서를 보면 성공한 사람은 일기를 쓴다고 해서 무턱대고 시작은 했는데, 하루 5분도 일기에 집중하지 못하는 제가 한심했습니다. '이건 나만의 문제가 아니다. 나처럼 일기를 꾸준히 쓰고 싶어도 혼자서는 잘 안되는 사람들이 있을 거야!'라는 생각이 들었어요. 마침 『최고의 변화는 어디서 시작되는가』라는 책을 읽었어요. 영어 제목은 『Willpower doesn't work』에요. 제목만 봐도 위로가 됐어요. 의지력이 약한 나를 탓하지 말고 환경을 설계하자 마음먹었죠. 이때 우리는 사업가 기질을 발휘해야 해요.

일기를 쓰는 모임에 가입하는 것이 아니라, 우리가 모임을 만드는 거죠. 내가 직접 모임을 꾸려서 사람도 모집해 보고 운영하면서, 사람들의 불편함이 무엇인지 확인하고 해결도 해주는 과정을 경험해야 해요. 그렇게 하다 보면 리더는 자연스럽게 나만의 문제(일기 쓰기)를 해결하게 돼 있어요. 제가 프로젝트를 진행했던 몇 가지 사례를 더 소개해 드릴게요.

〈프로젝트로 돈 벌기〉

- 2019년 연말, 베트남 여행을 갔다가 영어 공부의 절실함을 느꼈죠. 그때 TED 공부 모임을 만들어서 3개월 운영했어요.
- 모집 글에 들어갈 이미지를 잘 만들고 싶어서 종로여성인력개발센터에서 망고보드(이미지 템플릿) 수업을 들었어요. 2020년 코로나 초창기였죠. 25,000원 수업료를 내고 망고보드를 배워서 5번 정도 수업해서 70만 원 이상 벌었어요.
- 미라클모닝을 하고 싶은데 올빼미형이라 작심삼일로 매번 실패했어요. 아침 기상 프로젝트를 만들었죠. 돈 받으면서 일찍 일어나는 습관을 만들었어요.

- 지금 내가 해결해야 하는 문제는 무엇인가요?

다이어트, 영어 공부, 독서 뭐든 가능해요. 모임을 처음 운영하는 분은 7일, 14일, 21일 점차 일정을 늘려 가보세요. 회비는 1만 원으로 책정하고요. 100% 성공한 분에게는 기프티콘이나 다음 모임 신청 시 할인 혜택을 주는 것도 좋아요.

나와 연결되는 것을 돈으로 만드는 법

파이프라인이 한 개도 없을 때는 월급에 의존해서 살았어요. 수입 가계부를 적으면서 내 주변에 이미 돈이 있다는 사실을 알게 됐죠. 그때부터 저와 관련된 것을 돈으로 만들어 보는 연습을 했어요. 지금부터 소개해 드리는 것은 앞서 이야기한 부분에서 확장되기도 해요. 아이템이 많아지면 여러 가지 방법으로 연결해서 다양한 제품을 만들어 낼 수 있어요.

오프라인 사무실

2022년 2월부터 2023년 3월까지 사무실을 운영했어요. 오프라인 수업뿐만 아니라 기존에 만들었던 독서 노트, 감사 일기를 제작, 판매도 꾸준히 했고요. 제가 읽은 책과 수강생이 보낸 책을 모아서 중고 책방을 운영했어요. 주말에는 모임 공간으로 대여해서 부수입도 벌었죠.

디지털 파일 판매

감사 일기, 독서 노트의 제작 및 판매는 단가가 낮아서 인건비와 보관비가 더 들어요. 지금은 PDF 파일로 만들어서 판매하고 있어요. 파일은 횟수 제한 없이 출력해서 쓸 수도 있고, 아이패드에서 사용도 가능하다는 장점을 부각했죠.

소개비

제 수업 내용과 겹치지 않는 강사에게 소개를 부탁하고 신청자가 있으면 소개비를 주고요. 반대로 저한테 수업 소개를 요청하는 경우, 저도 소개비를 받고 있어요. 1인기업의 협업입니다.

수강생 강사 데뷔

수강생 중에 콘텐츠는 있는데 강의 경험이 없는 분이나, 제 수업에 참여한 분 중 우수 수강생에게 강의나 모임의 리더를 맡겼어요. 신청자가 있는 경우 수익을 배분했고요. 더빅리치 캠퍼스 강사 제도로 3년 정도 운영했어요.

홍보

제가 가진 것 중에 남들에게 없는 것이 홍보력입니다. 신간이 나온 초보 작가는 막상 책이 나오면 뭐부터 시작해야 할지 모르거든요. 제 SNS를 통해 신간을 홍보하는 유료 프로그램도 한 달에 한 건 정도는 신청이 들어오고 있어요.

외부 강의

일 년에 한 번씩은 도서관, 기업에서 강의 요청이 와요. 1인기업 노하우, 독서 모임, 재테크에 관련된 내용이었고요. 블로그를 보고 시간 관리나 마인드맵 수업도 문의가 들어와요. 외부 강의가 주 수입원이 아니지만 경력을 쌓는 데 도움이 되기 때문에, 요청이 들어오면 꼭 하려고 하는 편이에요.

〈지금까지 강의한 곳〉

LG생활건강, 천안연구소, 서울 경기 도서관, 교보 북살롱, HMM, 포스코, 군산간호대, 우송정보대, 경기교육연수원, 서울 중구청, 부산 중구청, 경남창업센터 등

소액 재테크 투자 및 강의

처음부터 강의나 모임으로 버는 돈은 많지 않아요. 개인 돈과 섞이기도 하고, 벌긴 벌었는데 돈이 사라지는 경험도 할 거예요. 그래서 꼭 재테크 공부를 하라고 강조하는데요. 저는 2017년에 미니멀 라이프를 하면서 재테크에 입문했어요. 보험설계사 경험도 있어서 저만의 재테크 방법을 소개하기도 했어요.

"천 원이라도 벌어서 투자하고 10원이라도 남겨보세요."라고 이야기해요. 벌어서 쓰는 게 아니라 투자하는 거죠. 한 번 벌어서 소비하고 끝나면 그것은 파이프라인이 아닙니다. 계속 돈이 흐르게 해야 해요. 돈이 들어왔다면 단 십 원이라도 남기는 게 제 신조입니다.

배우면서 돈 버는 법

지금까지 소개해 드린 파이프라인을 보면서 어떤 생각이 드셨나요? 수강생 중에는 "저도 이미 아는 것도 있는데, 이렇게 돈을 벌 수 있다니 몰랐어요."라면서 놀라는 분도 있었어요. 맞아요. 그 에너지를 이용하세요. 나도 다 했던 건데 누구는 돈을 벌고 나는 쓰고만 있었다는 생각에 화가 날 때가 있잖아요. 저는 그 감정을 동력으로 삼아요.

〈파이프라인 만드는 법 정리〉

1. 배운다. (내가 알고 싶은 것, 필요한 것)
2. 내 것으로 만들어 강의한다.

강의라고 해서 꼭 사람을 한곳에 모아놓고 해야 하는 것도 아니고, 전문가일 필요도 없어요. '내가 오늘 새롭게 알게 된 것을 하나라도 누군가에게 공유한다.'라는 마음이면 충분해요. SNS에 내용을 정리해서 올려놓으면 정보가 필요한 사람은 한 명이라도 보겠죠? 그것도

강의라고 생각해요. 자연스럽게 브랜딩까지 되고요. 그런데 사람들은 뭔가 대단한 것을 알려주려고만 해요.

지속 가능한 콘텐츠를 만들기 위해서는 내 삶에서 우러나는 이야기여야 합니다. 저는 미니멀 라이프를 하다가 관련 책을 읽고 유튜브에 소개하기 시작했어요. 자연스럽게 북튜버가 됐죠. 책을 계속 읽다 보니 독서 모임도 꾸리게 됐고, 독서 모임 리더 과정도 만들었어요. 더 많은 분께 알려드리려고 온라인 강의까지 촬영하고, 자격증 과정도 만들었어요. 덕분에 지금은 디지털노마드로 살고 있어요. 다 연결돼서 결국 내 삶 자체가 콘텐츠가 되는 거랍니다.

돈을 벌려면 사람들에게 나를 알려야 해요. 그런데 사람들은 판매하는 제품이나 서비스만 이야기해요. 스토리가 없는 거죠. 나를 알리는 방법 중 가장 좋은 것이 바로 SNS입니다.

"마지막 SNS가 당신의 최근 이력서입니다."

이력서를 써본 적이 언제인가요? 취업할 때만 썼던 이력서를 이제는 매일 쓴다고 생각해 보세요. 오늘 올린 여러분의 글이나 사진만 봐도 어떤 생각을 가지고, 무슨 일을 하는 사람인지 사람들이 알 수 있게 해보세요.

- 어떤 사람으로 보이고 싶은가요? (브랜딩)

1인기업 STEP 1. KNOW

존 맥스웰은 "호박이 땅콩만 할 때, 통에 넣어두면 딱 그만큼만 자란다. 그런데 사람도 그렇다."라고 했어요. 내가 땅콩으로 태어난 건 바꿀 수 없지만, 환경은 노력해서 바꿀 수 있어요. 배울만한 사람이 있는 곳으로 가면 된답니다. 이 책을 읽는 분들이 서로 얼굴은 모를지라도 에너지가 통해서 동기부여를 받을 거라고 믿어요. 북리뷰도 올리고 서로 댓글로 인사도 해보세요.

1장에서 파이프라인을 소개해 드렸는데요. 어떠셨나요? 도전해 보고 싶은 것도 있고 알 듯 말 듯 하기도 했죠? 1장은 저의 경험이기 때문에 여러분이 똑같은 콘텐츠로 따라 할 필요가 없답니다. 저처럼 마인드맵을 배우거나 바인더 공부를 하시는 분들이 있는데요. 그게 아니라 나에게 필요한, 내가 해야 할 콘텐츠를 찾으셔야죠. 2장에서는 콘텐츠를 찾을 수 있는 KST 이론을 설명해 드릴게요.

뛰어난 성과를 내는 사람은 보통 사람보다 자신이 어떤 사람인지, 무엇을 원하는지, 어떻게 해야 그것을 이룰 수 있는지, 자신에게 의미가 있고 만족감을 주는 것은 무엇인지 더 명확하게 알고 있다고 브랜든 버처드[2]는 말했어요. 나에 대한 명확성이 필요합니다. 자신에 대해 모르면서 물건을 팔겠다고 마케팅을 하는 사람이 많습니다. 세일즈는 결국 사람의 심리와 연결돼 있고, 그 첫 번째 사람은 바로 자신이거든요.

수업 때 이 미션을 드리면 의미 있는 작업이었다고 말하는 분도 있었고, 타인이 자신을 어떻게 생각하는지 알게 돼서 좋았다는 분도 있었어요. 여러분도 책을 잠깐 덮고, 휴대폰을 들어보세요.

'남이 보는 나' 알아보기

지인 세 명에게 "지금 공부 중인데, 숙제가 있어서 부탁 좀 하려고. 내 강점 세 개와 약점 한 개만 알려줄래?"라고 문자를 보내보세요. 평소 친한 사람과도 이런 이야기를 잘 하지 않기 때문에 서로 부담될 수 있어요. "숙제" 핑계를 대면 연락을 받은 사람도 거룩한 부담감을 가지고 답장을 준답니다.

---

2 『백만장자 메신저』 작가

사람들이 말한 내 강점

사람들이 말한 내 약점

어떤가요? 내가 나를 생각하는 모습도 있고, 약점으로 알고 있는 부분을 강점으로 말해준 사람도 있을 거예요.

나를 알아보는 시간

지금까지 살면서 실패했던 경험을 통해 무엇을 배웠나요?

사람들은 실패한 것을 실패로 생각하기 때문에, 성장이 더딥니다. 실패도 경험이에요. 실패도 도전해 본 사람만이 얻을 수 있는 결과물인데 말이죠. 저도 매일 실패해요. 머릿속에 썩 괜찮은 아이디어가 떠올랐다고 신나서 프로젝트를 했더니 신청자가 없을 때도 있고요. 하기로 한 일을 미루고, 자책하기도 해요. 그러면서 나 자신을 마주하는 거죠. 실패를 통해 자신을 알아가는 시간을 가져보세요. 그때 어떤 기분이었는지, 왜 그런 결과가 나왔는지, 같은 상황이 된다면 어떻게 해보고 싶은지도 적어보세요.

나를 알아가는 방법 중에 가장 추천할 만한 건 "혼자만의 여행"이에요. 수강생의 90% 이상이 여성인데요. 대부분 결혼 후에는 혼자 밖에서 자본 적이 없다고 하시더라고요. 〈언니 쉬다 와〉라는 숙박비 지원 프로젝트로 혼자만의 시간을 갖도록 프로그램도 운영했어요. 여행이 당장 힘들다면 안 가본 카페를 간다거나 매일 걷는 길이 아닌 다른 길로 걸어보세요. 창조성은 낯선 곳에서 일어나는 일을 바라보고 대처하는 모습을 통해서도 발견할 수 있어요.

KST의 첫 단계는 나에 대해 알아가는 KNOW였어요. 지인에게 연락해서 약점, 강점 물어보는 것은 꼭 해보세요.

1인기업 STEP 2. STUDY

나를 아는 것을 시작으로 공부하는 방법도 소개해 드릴게요. 가장 먼저 해야 할 것은 "돈 공부"입니다. 돈을 벌고 쓰고 모으고 투자하는 것도 알아야 하거든요. 남들이 봤을 때는 멋져 보이는 강사도 자기관리가 안 돼서 돈을 모으지 못하는 사람도 많아요. 앞으로 벌고 뒤로 새 나가는 것부터 막아야 합니다.

두 번째는 "시간 공부"입니다. 시간도 돈이라고 말하면서, 돈처럼 귀하게 여기지 않잖아요. "인생을 눈에 보이게 두라"라는 말이 있어요. 가계부를 적듯이 매일 시간 가계부를 적어보세요. 하루를 어떻게 살았는지 기록하는 거죠. 또 하나는 20대부터 지금까지 어떻게 살아왔는지 종이 한 장 꺼내놓고 적어보세요. 첫 취업, 결혼, 이사, 여행, 출산 등 인생의 굴곡을 기록해 보세요. 오늘의 나는 과거의 내가 만들었으니, 미래의 나는 오늘의 내가 창조할 수 있어요. 즉, 오늘이 꿈꾸던 삶의 시작인 거죠. 해볼 만하고 살아볼 만하죠? 시간 관리 강의를 2018년부터 했어요. 핵심만 몇 가지 소개할게요. 우선순

위를 정하고요. 하루의 체크리스트를 만드세요. 해야 할 일을 하고 하루를 마무리할 때 그날 어떻게 보냈는지 피드백해 보세요. 제가 좋아하는 팀 페리스는 "성공은 체크리스트와 실행의 반복이다."라고 말했답니다.

세 번째는 "전략독서"에요. 독서하더라도 목표를 분명히 하면 좋아요. 내가 하는 일과 관련된 책을 최소 10권 이상 읽어보세요. 주제가 비슷하므로 본질을 파악하기 수월하고요. 책마다 작가가 주장하는 메시지만 뽑아내면서 읽으면 돼요. 하나의 책에서 하나의 주제만 찾아서, 딱 한 개라도 삶에 적용해 보기!

One Book, One Message, One Action

네 번째는 "선급 시스템"을 활용하는 것입니다. 코로나 이후로 무료 강의가 매일 쏟아지면서 사람들은 자신의 필요가 아닌 공짜라는 이유로 듣는 경우가 많아요. 공짜 강의만 찾아다니면서 듣고 있는데, 그것이 자신의 것이라 착각해요. 아이쇼핑처럼 강의 쇼핑만 할 뿐 지갑을 열어 직접 자신의 것으로 만들지 않습니다. 호텔 레스토랑을 가려면 그만한 값어치의 음식을 주문해야 하고, 놀이공원을 가려고 해도 입장료부터 내야 합니다. 돈을 안 낸 사람들은 놀이공원 주위만 둘러보고 입구에서 사진이나 찍고 돌아가겠죠. 무엇인가 배우고 싶다면, 수강생도 합당한 가격을 내고 참여하면 좋겠습니다.

다섯 번째는 네 번째와 상반된 듯 보이는데, "무료 강의"를 공부하는 겁니다. 무작정 공짜니까 공부하는 게 아니라 나한테 필요한 내용을 찾는다는 점이 다릅니다. 국가에서 지원해 주는 내일배움카드, K-MOOC, 배민 아카데미도 좋고요. TED나 세바시를 보고 공부도 해보세요. 저는 오늘 아침에는 유튜브에서 워런 버핏 영상을 보며 마케팅 공부도 했어요.

핵심은 "주체성Self Leadership"이에요. 돈 공부, 시간 공부, 목표에 맞는 독서, 자기 계발까지 소개해 드렸습니다.

1인기업 STEP 3. TEACH

가르치는 것만큼 빨리 배우는 것은 없죠? 소비자보다 생산자일 때 돈의 흐름을 더 잘 알 수 있고요. 나에 대해 알고, 필요한 공부를 했다면 이제는 마지막 단계로 가르치는 것이 남았어요.

스터디 모임

전문적인 것을 가르치는 강의가 아니라도 괜찮아요. 내가 알고 싶은 분야를 공부할 때 사람들과 모임을 꾸려보세요. 영어 공부, 다이어트, 필사하기, 경제신문 읽기 등 나와 같은 문제를 가지고 있는 사람을 찾아 한 명이라도 함께 한다는 마음으로 시작하면 됩니다.

독서 모임

실시간 모임으로 독서 모임을 해도 좋고요. 단체 채팅방에서 독서 습관 만들기 프로젝트처럼 '하루 한쪽 읽기'로 가볍게 시작할 수 있는 미션도 좋아요.

강의

1. 무료

내가 알고 있는 것, 오늘 새롭게 배운 것을 SNS에 올려보세요. 지식의 공유도 가르치는 것으로 생각하고 매일 SNS를 하면 좋겠어요. 1인기업을 시작한 분들의 SNS를 보면 핵심을 파고들지 못한 상태로 주변만 서성거리는 느낌이에요. 타깃을 설정하고(내 고객 정하기), 나는 어떤 사람이고 그들에게 무슨 도움을 줄 수 있는지 계속 보여주고 이야기해 보세요.

저는 수업 중에 수강생에게 받은 질문을 콘텐츠로 만들어서 영상을 올려요. 완전 핵심적인 내용인 경우도 많아요. 그럼 어떤 분들은 묻습니다. "이렇게 다 알려줘도 돼요? 돈 받고 팔아야 하는 거 아닌가요?" 저는 무료, 유료 상관없이 질문을 받으면 최대한 다 알려드리려고 해요. 중요한 사실을 말씀드릴까요? 다 주고 다 알려줘도 돼요. 제 노하우는 몇 년 치이고 그걸 몇 분 안에 다 안다고 해서 상대방이 할 수 있는 것은 그중의 아주 일부니까요. 그런데 질문을 받을 때마다 저 스스로 생각을 정리할 수 있는 시간이 돼요. 저한테도 중요한 시간인 거죠. 상대방에게 도와줄 게 있는지 물어보고, 더 많이 알려주려고 해보세요.

2. 유료

"강의가 처음인데 돈을 받아도 될까요? 아무도 안 오면 어떻게 하죠?"라고 수강생이 물어봐요. 저는 1만 원이라도 받고 1명이라도 오면 100명이 온 것처럼 최선을 다해 강의하라고 이야기해요. 한 명도 만족을 못 시키면서 천만 원 이상 돈을 벌겠다고 하는 건 말이 맞지 않아요. 수강료를 받아야 강의를 준비할 때 책임감이 생겨요. 과연 무료 강의를 들은 사람들이 '아, 이 사람은 초보이고 무료 강의니까 괜찮아!'라고 이해해 줄까요? 무료 강의일수록 저는 더 시간을 들여서 수업을 준비해요. 초보니까 무료로 진행해서 자신이 못 한다는 것을 정당화하거나, 피하지 마세요.

강의는 하고 싶은데 어떤 식으로 콘텐츠를 구성해야 할지 모르겠다면 벤치마킹해 보세요. 블로그, 인스타그램에서 내가 관심 있는 주제로 강의를 모집하는 글도 찾아보고요. 온라인 플랫폼(탈잉, 클래스유, 클래스101 등)에서 강의 주제, 커리큘럼 구성도 쭉 훑어보세요.

내가 한 달 안에 할 수 있는 스터디 모임을 적어보세요.

주 1회씩 SNS에 정보를 올려보세요. 그럴 때는 콘텐츠 리스트를 미리 만들어 놓으면 좋아요. 어떤 정보를 올려보고 싶으세요?

원금 회수하기

지금까지 책먹는여자의 파이프라인을 소개해 드렸어요. 파이프라인을 만들기 위한 3단계로 KST 방법도 말씀드렸죠? 이제 여러분이 할 일만 남았습니다.

"원금 회수하셔야죠?"

수업 때 이 질문을 하면 수강생의 눈빛이 흔들립니다. 강의를 들으면 뭔가 해봐야겠다 정도로만 생각했다가, 질문을 받으면 생각을 현실화하기 위해 더 구체적인 방법을 찾게 돼요. 독서 모임을 몇 월까지 몇 번 진행하겠다, 블로그를 써서 애드포스트 입금받겠다, 스마트 스토어를 시작해서 물건 몇 개를 올리겠다 등 수치화된 목표를 세워 보세요.

이 책을 읽고 있는 여러분께도 묻겠습니다. 어떻게 원금 회수하실 건가요? 언제까지 이루실 거죠? 책값뿐만 아니라, 책을 읽었던 나의 시간 값까지 포함해서 원금 회수 목표를 적고 이루시면 좋겠어요.

〈원금 회수 전략〉

- 언제까지 :
- 무엇으로:
- 얼마를 벌겠다:

1장 본문 중간에 책 소개도 몇 권 해드렸는데요. 함께 보면 좋은 책 다시 정리해 드릴게요.

배움을 돈으로 바꾸는 기술(이노우에 히로유키, 예문, 2013)

백만장자 메신저(브렌든 버처드, 리더스북, 2018)

나는 퇴근 후 사장이 된다(수지 무어, 현대지성, 2019)

스타트 위드 와이(사이먼 시넥, 세계사, 2021)

사이드 프로젝트 100(크리스 길아보, 더퀘스트, 2020)

작고 소박한 나만의 생업 만들기(이토 히로시, 메멘토, 2015)

핑크 펭귄(빌 비숍, 스노우폭스북스, 2021)

3장부터는 온라인 강사 되는 법에 관해 이야기 나눌게요. 일신우일신 기억하고 계시죠? 이 책을 옆에 두고 천천히 하나씩 해나가면 여러분이 꿈꾸는 모습을 만날 수 있을 거라 믿어요. 책을 읽는 모든 분이 수업 동기라고 생각하고 끝까지 함께 해요.

3장

온강사에 오신 것을 환영합니다

처음 온라인 강사과정(이하 온강사)을 했을 때가 생각나요. 저처럼 온라인으로 강의하면서 돈을 벌고 싶다는 분들과 강의를 시작했죠. 그동안 제가 공부했던 방식과 강의했던 노하우를 매뉴얼로 정리해서 저처럼 강사가 되도록 돕는다는 점은 부담이면서도 도전이었어요. 40만 원이었던 강의료는 220만 원까지 올랐어요. 5주의 수업을 준비하는 과정도 만만치 않았고요. 수업이 끝나고 나면 한동안은 아무 일도 못 할 만큼 에너지가 방전됐어요. 온라인 강사과정 8기까지 진행 후 현재는 더 이상 수업은 진행하지 않고 있고요. 2022년에 〈1인 기업 온라인 창업 전문가 1급〉 자격증 과정을 만들어서 기존 수강생에게 발급했어요.

온강사 강의를 한다는 마음으로 이 책을 쓰고 있어요. 수업 내용을 토대로 지면을 통해 최대한 자세히 말씀드릴게요. 이 책이 여러분의 1인기업 성장에 책값의 100배 이상 도움이 되면 좋겠어요. 누구나 1인기업을 시작하고, 원하는 모습으로 살아가는 발판이 되어 드리고 싶어요.

3장 시작 전에 먼저 기억해야 할 세 가지를 말씀드릴게요. 제가 온강사를 만든 이유이기도 합니다.

미션	핵심 가치	비전
자신을 뛰어 넘기	배움 성장 존경	커뮤니티 운영 강의 런칭 인재육성

먼저 자신을 뛰어넘는 것부터가 시작입니다. 고객의 만족을 위해서라도 말이죠. 나를 뛰어넘기 위해 평소라면 하지 않았을 영상을 찍기도 하고, SNS도 해야 합니다. 불편한 과정을 받아들이고 도전해서 이뤄내세요. 온강사의 핵심 가치는 배움, 성장, 존경입니다. 잘 배워서 자신의 것으로 만들어 성장하고, 존경하는 마음으로 사람들에게 나눠주세요.

마지막으로 비전이에요. 결국 1인기업으로써 자신만의 커뮤니티를 꾸리고, 콘텐츠로 강의를 만들어야겠죠? 여러분 또한 저처럼 인재를 육성해서 지식과 지혜를 전달해야 합니다.

이 책을 읽는 독자들이 1인기업을 시작하고, 성장하는 모습을 상상해 봅니다.

'이렇게 살고 싶다'라는 꿈을 꾸게 하는 것만으로도 감사한 일이에요. 몇 년 뒤 여러분이 원하는 삶을 살 때, 이 책 덕분에 시작할 수 있었다며 누군가에게 추천해 주는 욕심도 가져봅니다. 그러면 3장 시작해 볼까요?

온강사 수업 순서대로 소개할 거고요. 강의 기획, 콘텐츠 찾는 법, 강의하는 법, 고객 관리까지 거침없이 다 풀어드릴게요. 책을 읽다가 궁금한 점은 혼자 고민하지 마시고 책먹는여자 SNS로 질문 남겨주세요.

온라인 강의 수익사례 1

지금처럼 온라인 강의 플랫폼이 활발하지 않은 2018년에도 영상을 촬영해서 팔았어요. 이 말부터 하는 이유는 하나의 방법만 있는 것이 아니고, 이가 없으면 잇몸으로도 할 수 있다는 점을 강조하고 싶어서입니다. 꼭 사람을 모아 놓고 강의해야만 하는 것도 아니니 읽으면서 내가 바로 할 수 있는 것부터 조그맣게 시작해 보세요.

〈온라인 강의 방법〉

1. 카카오톡 단체 채팅방
2. 영상 - 줌 실시간 / 유튜브 / 녹화영상 판매 VOD

크게 두 가지로 나눠집니다. 우선 단체 채팅방부터 설명할게요. 습관 프로젝트로 시작해 보는 방법인데요. 일기 쓰기, 영어 공부, 아침 기상, 독서 등 여러 분야로 확장할 수 있어요. 직접적인 강의는 아니더라도 온라인을 통해 사람들의 문제를 해결해 주는 방법이기 때문에 그들의 삶에 변화를 주죠. 이왕이면 리더인 내가 현재 가지고 있

는 불편함을 프로젝트로 만들어 보세요. 그래야 함께 하는 사람들의 고민도 이해할 수 있죠. 즉, 내 문제가 아이디어이자 돈이 됩니다.

두 번째는 영상입니다. ZOOM으로 실시간 강의하는 방법이에요. 오프라인 강의를 하려면 강의장도 알아봐야 하고, 인원수에 따라 대관료도 달라집니다. 온다고 했다가 안 와서 환불을 요청하는 때도 있고요. 그거에 비하면 ZOOM은 연간 유료 결제로 편리하게 쓸 수 있는 온라인 공간이라 편리해요. (줌 사용료는 입장 인원, 환율에 따라 다르나 대략 20만 원 내외) 현재는 거의 모든 실시간 강의나 일대일 코칭을 줌으로 하고 있어요.

실시간 강의는 무엇을 할 수 있을까요? 과거의 경험을 노하우로 만들 수도 있고요. 내가 주로 쓰는 자기 계발 도구를 소개해도 좋아요. 수강생이나 고객의 컴플레인을 질의응답 형식으로도 강의할 수 있죠. 즉, 모든 것이 강의화됩니다.

유튜브로도 강의할 수 있어요. 강의의 개념을 바꿔보세요. 내가 알게 된 새로운 정보를 소개하는 것도 강의입니다. 책먹는여자 유튜브에는 1,000개 이상의 영상이 있어요. 그중 반 이상은 수강생의 질문을 설명한 거예요. 비슷한 질문이 들어올 때마다 만들어 놓은 유튜브 링크를 바로 보내주면 이것도 그들의 문제를 해결해 주는 거니까요. 누군가에게 질문을 받으면 결국 글이나 말로 알려줘야 하잖아요. 그때 딱 한 번만 영상을 찍어서 유튜브에 올려놓기만 하면 된답니다.

유튜브 촬영 장비는 최소화해서 간단히 작업하고 있어요. 노트북 화면에 파워포인트를 띄워놓고 ZOOM 또는 곰캠으로 화면녹화를 합니다. 이게 끝이에요. 편집도 거의 안 해요. 자막은 VREW 무료 사이트를 가끔 쓰고요. 영상 자르기는 뱁믹스에서 작업해요. 마이크는 3~5만 원 정도도 괜찮고요. 얼굴이 나오는 경우 7년 전에 산 LED 조명을 지금까지 쓰고 있어요.

온라인 강의 수익사례 2

실시간 강의를 계속하다 보면 같은 말을 반복하게 됩니다. 해야 할 강의가 많아지니까 몸은 하나인데 체력이 안 따라주기도 하고요. 그래서 강의를 녹화해서 영상을 판매하기 시작했어요. VOD로 만들어서 실시간 수업료보다 낮은 가격으로 팔고 있습니다.

〈온라인 강의 플랫폼〉
- 2018~2019 유튜브에 일부 공개로 영상 업로드 - 입금 확인 후 링크 전송
- 2020 외국 사이트 티처블 사용
- 2021~ 라이브클래스 개인 강의사이트 시작
- 2022~ 클래스유 플랫폼 입점
- 2023~ 개인 앱 론칭

실시간 강의는 강사가 그 시간, 그 자리에 있어야지만 가능한 일이죠. 돈을 더 벌려고 무리하게 강의 횟수를 늘리다 보면 몸도 망가지고, 스트레스가 심해져요. '이러려고 시작한 게 아닌데'라며 후회가 돼요. 몇 번의 과정을 겪으며 노동력을 레버리지하는 방법을 계속

찾아서 세팅하고 있어요.

또 하나의 방법은 1번 수익사례의 줌과 단체 채팅방을 엮어서 모임을 하는 건데요. 채팅으로만 인증하면 어느 순간 참여율이 떨어지더라고요. 모임 초반이나 중간에 줌 실시간 수업으로 서로 얼굴도 익히고, 피드백을 주고받기 좋아요. 과제 체크는 채팅, 수업은 줌으로 하는 방법입니다.

〈온라인 수익사례 정리〉

- 꼭 강의를 해야 하는 것은 아닙니다. 내가 알고 있는 정보부터 SNS에 올려보세요. 내가 해결할 문제를 프로젝트로 만들어서 모임을 꾸려보는 것도 추천해요.
- 꼭 전문가가 아니어도 됩니다. 평소 내가 잘 아는 분야, 자주 쓰는 도구를 소개하는 마음으로 시작해 보세요.

나만의 콘텐츠 찾는 법

온라인 강의 수익사례를 읽으면서 어떻게 해야 할지 고민이었나요? 걱정하지 마세요. 이제부터는 방법을 하나씩 알려드릴게요. 1인기업을 꿈꾸지만 "저는 콘텐츠가 없어요."라며 고민하는 분도 있고요. 이미 가지고 있는데 그걸 제품화하지 못한 경우도 많아요. 자기 경험을 과소평가하기도 하고요. 먼저 콘텐츠의 3가지 요소에 관해서 설명해 드릴게요.

콘텐츠의 3요소

1. 제품(서비스)

콘텐츠란 제품이나 서비스입니다. 내가 팔아야 할 제품이 당연히 있어야 해요. 이때 사람들은 지금 잘 팔리는 것, 돈이 되는 것에 초점을 맞춰서 콘텐츠를 찾기 때문에 오래 가지 못합니다. 상품을 파는 것이 아니라, 결국 나 자신을 파는 거예요. 내가 잘하는 것으로 고객의 불편을 해소해 주는 과정에서 콘텐츠가 나와요.

2. 가격

자신의 상품에 대해 얼마를 받아야 할지 모르겠다는 분도 있었어요. 몇 년째 같은 가격으로 똑같은 수업만 하는 강사도 있고요. 가격을 다양하게 구성해서 고객을 끌어들여야 해요. 강의 하나로 무료/1만 원/10만 원으로 구성할 수도 있어요. 가격 구성은 빌 비숍의 『핑크 펭귄』에서 세 가지 박스 부분을 참고하면 좋아요. 가격 구성이 하나라면 고객은 살까, 말까 둘 중 하나를 고민합니다. 대신 저가, 중가, 고가로 구성하면 대부분 중가를 산다고 해요.

3. 플랫폼

아무리 좋은 제품이 있어도 사줄 사람이 있는 곳에서 팔아야 하잖아요. 블로그, 인스타그램, 유튜브, 단체 채팅방, 유료 온라인 강의 사이트 등 여러 플랫폼에서 판매를 시도해 보세요.

콘텐츠 찾기

콘텐츠는 결국 나에 대해 아는 것에서 시작해요. 다음 질문에 여러분의 생각을 적어보시겠어요?

내가 잘하는 것은 무엇인가?

지금 관심 있는 것은 무엇인가?

지금까지 배운 것은 무엇이고, 그것을 통해서 무엇을 깨달았나?

현재 나의 불편함(해결해야 할 문제)은 무엇인가?

사람들이 내게 자주 묻는 것은 무엇인가?

콘텐츠를 작게 쪼개서 시작해 보세요. 예를 들어 동료가 나에게 어떻게 일을 빨리 끝낼 수 있는지 묻는다면, 나만의 5가지 시간 관리 노하우나 상사에게 칭찬받는 업무 스킬 노하우로 메시지를 잡아볼 수 있어요. 나의 불편함이 독서를 집중해서 할 수 없는 거라면, 하루 한 페이지 책 읽기 모임을 만들어 보는 것도 좋아요.

지금까지 읽었던 내용을 복습한다는 의미로 아주 중요한 작업을 같이 해 볼게요. 지금 당장 작성하기 어렵다면, 책을 읽다가 이 부분으로 다시 돌아와 생각난 대로 추가해서 적어보세요. 저는 지금도 아래 내용처럼 강의 기획서를 써요. 뼈대를 잡아놓고 내용만 추가하면 되거든요.

〈강의 기획서 작성〉

1. 개요
   - 대상자
   - 학습 효과
   - 강의명
   - 강의 내용
   - 일정
   - 비용

2. 수업 내용
   2-1. Opening
   - 강사 소개
   - 수강생 인사
   - 강의 순서 안내

   2-2. Main
   - 수업에서 이야기할 주제, 메시지 전달

2-3. Closing
- 후기 받기
- 단체 사진 찍기
- 다음 강의 일정 안내

이렇게 프레임을 만들어 놓으면 강의 준비 시간을 아낄 수 있어요. 강의 기획서를 토대로 모집 글을 쓰기도 수월하고요. 처음은 제가 드린 순서대로 작성해 보시고, 강의하면서 내 스타일대로 변형하면 여러분만의 강의 기획서가 탄생하겠죠?

4장

커뮤니티를 꾸린다는 것

3장에서는 온라인 강의 수익사례와 강의 기획서 쓰는 법에 관해서 이야기했죠? 4장에서는 커뮤니티[3] 꾸리는 법과 자동화 시스템을 위한 영상 촬영법을 소개해 드릴게요.

브렌든 버처드는 "커뮤니케이션을 판매 수단이 아닌 가치를 전달하는 수단으로 이용해야 한다"라고 말했어요. 2018년 1월부터 강의를 시작했고, 2019년 1월부터 오픈톡방을 꾸렸어요. 오픈톡방을 꾸려야 하는데 운영이 어려운 초보 리더부터, 얼굴도 모르는 사람까지 입장하여 인원수는 많아졌지만 사람 냄새가 없는 것 같아 고민하는 리더도 있었어요. 막상 시작하고 나니 어떻게 소통해야 할지 몰라 힘들어하는 사람도 있었고요.

---

3 커뮤니티는 카카오톡 오픈톡방을 의미합니다.

코로나 이후 많은 오픈톡방이 생겨났어요. 본인의 커뮤니티로 사람을 유입하기 위해 무차별적 무료 특강을 진행하면서 사람들은 여러 오픈톡방에 중복 가입을 했습니다. 무료 강의 쇼핑을 즐기는 사람들과 오픈톡방 수익화를 추구하는 리더. 그것을 지켜보며 저는 멈추고 싶었어요. 제가 BBM이라는 커뮤니티를 만든 이유는 수강생들끼리 서로 알아가면 좋겠고, 자연스럽게 상생하는 곳이길 바랐어요. A가 미용실을 하면, 머리할 때가 됐을 때 그곳에 가고요. B가 빵을 팔면 필요할 때 주문해서 먹을 수도 있죠. 커뮤니티 초창기~중반까지는 이런 모습이 이어졌는데요. 오픈톡방이 많아지면서 모르는 사람도 들어오고, 정체기가 되면서 동맥경화처럼 분위기가 딱딱해졌다고 느꼈어요. 5년을 운영하고 2023년 6월에 800명이 입장했던 커뮤니티를 정리했습니다.

> **커뮤니티의 사전적 정의**
>
> 지연에 의하여 자연 발생적으로 이루어진 공동 사회. 주민은 공통의 사회 관념, 생활 양식, 전통, 공동체 의식을 가진다.
>
> 국어사전

소통하는 문화가 형성되기까지는 시간이 걸리기도 하고, 어려운 일입니다. 프리야 파커가 『모임을 예술로 만드는 법』에서도 말하듯 호스트(리더)는 나쁜 경찰관 역할도 해야 할 때도 있고요. 이제 막 커뮤니티를 꾸릴 분에게 몇 가지 도움이 될 내용을 말씀드릴게요.

커뮤니티 잘 꾸리는 법

1. 오픈톡방 벤치 마킹

5~10곳에 가입해서 잘되는 곳, 퇴장하고 싶은 곳의 분위기를 느껴보세요. 리더는 어떤 사람인지, 회원과 어떻게 소통하는지 직접 경험해보세요.

2. 세스 고딘의 『트라이브즈』

책을 3번 이상 읽어보세요.

3. 가치 제공

팔려고 하지 말고 가치를 제공하세요.

4. 일상 공유

뭔가 색다른 것을 주려고 하지 말고, 여러분의 사소한 일상부터 공유하고 소통하세요.

5. 나만의 콘텐츠

딱 10분을 강의하더라도 여러분의 콘텐츠로 회원과 소통하세요. 나중에 커뮤니티가 커지면 각 오픈톡방 리더끼리 협업으로 강의를 주고받고 할 때까지 내 색깔로 커뮤니티를 키우세요.

6. 하루 한 명 감동을 주기

사람이 몇 명 안 되는데, 무엇을 어떻게 해야 하냐고 묻는데요. 한 명이 있어도 그 사람을 즐겁게, 행복하게 해주세요. 방법이요? 이름을 불러주는 거예요.

7. 문화 만들기

호칭(○○님 또는 닉네임) & 활동 시간 정하기 등 함께 하는 공간의 규칙을 정해주세요.

제가 5년 운영하던 커뮤니티를 접었다고 해서 여러분까지 시작하지 않을 이유는 없습니다. 여러분도 최소 3년 이상 운영해 보세요. 하루에도 몇 번의 희로애락을 경험하는 인생 배움터입니다. 네이버 카페, 밴드를 거쳐 오픈톡방을 통해 사람들은 소속하고 싶어 합니다. 어떤 플랫폼이 됐던 커뮤니티를 꾸리는 건 비슷해요.

커뮤니티를 정리한 후로 현재는 인스타그램에 집중해서 콘텐츠를 만들고 있어요. 시간이 지나면 또 어떤 모습으로 어디에 있을지는 모르겠지만, 그때나 지금이나 사명대로 살아가겠습니다.

24시간 홍보하는 법

초보 리더일 때는 홍보 글만 올리는 경우가 많아요. 지하철역 앞에서 전단을 나눠주는 사람을 보면 여러분은 어떻게 하나요? 멀리서부터 피할 준비를 하죠. 눈을 마주치지 않는다거나, 주머니에 손을 넣고 가는 때도 있고요. 저는 양손에 물건을 들고 가는데도, 전단을 얼굴에 내미는 사람을 보면 짜증이 나더라고요. 혹시 우리가 그런 식으로 제품을 판매하는 건 아닌지 생각해 봐야 합니다.

홍보하기 전에 먼저 내 제품이나 서비스에 사람들이 관심, 흥미, 재미, 호기심을 느끼도록 해야 해요. 2018년 3P 바인더 관련 영상을 유튜브에 계속 올렸어요. 저라는 사람은 몰라도 시간 관리, 플래너 등 키워드로 검색했다가 구독자가 되기도 했고요. 시간이 지나서 유료 강의를 신청하기도 했어요. 신뢰의 관계가 형성되기까지는 시간이 걸립니다. 바로 제품을 사줄 거라는 환상, 욕심은 버려야 합니다.

그래서 24시간 나를 알려야 해요. 어떻게요? SNS를 통해서요. 저는 아이디어가 떠오르면 블로그나 인스타그램에 "~이런 거 어때요? 함께 하실 분 있나요?"라고 마지막에 질문을 남겨요. 답장이 없는 경우도 많지만, 사람들은 글을 읽으면서 무의식적으로 대답을 생각해요. 두 번째 방법으로는 A라는 제품을 오늘 인스타그램에 올렸다면, 3~5일 뒤 블로그에 또 올려요. 주기적, 반복 노출로 사람들에게 인식시키기 위해서입니다. 가장 중요한 세 번째 방법까지 꼭 활용해 보세요. 저는 수업 당일 오후까지 홍보해요. 블로그에 글을 한 번 더 써서 사람들에게 알리는 거죠.

〈이렇게도 홍보할 수 있어요〉

- "어떤 게 궁금하세요? 제가 어떻게 도와드릴까요? 요즘 어떤 고민이 있으세요?"라고 수강생에게 질문해 보세요. 고객의 니즈를 파악하는 효과적인 방법이에요. 동시에 그들의 문제를 해결해 주면서 나를 알리는 과정이기도 해요. 초보 리더는 무조건 알려주려고만 하는데요. 제발 상대방에게 물어보세요. 질문하는 용기도 필요합니다.
- 저는 수강생에게도 홍보를 요청해요. 후기를 받는 것도 그중 하나고요. 고액의 수업은 지인 소개 시 페이백도 해드리고 있어요.

바로 시작하는 영상 촬영법

온라인 강의에 있어서 빠질 수 없는 것이 바로 영상 촬영입니다. '어떻게 찍어야 하지? 무슨 말을 해야 하지? 장비도 있어야 하지 않을까?' 궁금하실 텐데요. 처음에 작업할 때는 가볍게 시작해 보세요. 일단 해보세요. 촬영하고 사람들에게 보여주면서 개선하면 돼요. 유튜브에 영상 올리는 것을 예로 이야기할게요.

촬영(녹화)	• PC: ZOOM, 곰캠 • 휴대폰: 기본 카메라
편집	• PC: VREW, 뱁믹스 • 휴대폰: 인샷, 캡컷 앱
업로드	• 유튜브

위에 소개한 프로그램은 모두 무료로 사용할 수 있어요. 곰캠은 ZOOM을 쓰기 전에 유료로 결제했는데요. 이제 막 시작하는 분은 ZOOM 화면 기록으로 녹화해도 됩니다. 비디오를 끄고 강의 화면만

보면서 말하는 방법, 얼굴과 화면을 같이 보이게 하는 방법 둘 다 촬영해 보세요. 녹화하는 저만의 팁 알려드릴게요. 미리 무엇을 찍을지 계획하고 영상을 3~5개 정도 몰아서 한꺼번에 찍어요. 안 그러면 한 개 찍고 다음 영상 찍을 때 미루게 되더라고요.

영상을 10분 이내로 짧게 찍기 때문에 거의 편집 없이 올리는 편인데요. 자막을 넣거나 삭제해야 할 부분이 있을 때는 위에 소개한 앱을 써요. 자막 편집 프로그램 VREW는 처음 나왔을 때 음성 인식률이 70% 정도였는데 이제는 95% 이상 인식이 되더라고요. VREW를 쓰기 전에는 10분짜리 영상에 자막을 입히려면 30분 넘게 걸렸는데, 그야말로 세상 좋아졌습니다.

하나의 영상을 촬영해 놓으면 동영상파일을 어디든 올릴 수 있어요. 유튜브뿐만 아니라 1분 미만으로 편집해서 유튜브 숏폼, 인스타그램 릴스까지도요. 그러니 일단 내가 알고 있는 정보를 친구에게 알려준다는 마음으로 편하게 시작해 보세요. 처음부터 컨셉을 잡고, 브랜딩이 있어야 하고, 장비가 필요하다면서 준비만 하는 것보다 바로 시작하는 게 나아요. 왜냐고요? 온라인 세상이 너무 빨리 변하니까요. 준비하는 사이에 또 새로운 게 나와요.

전략적 감성 마케팅_블로그 편

보험설계사를 5년 하면서 천만 원도 못 모았지만, 그때 저는 평생 써먹을 수 있는 세일즈를 배웠어요. 고객은 자신이 꽤 이성적으로 보험에 가입한다고 믿어요. 당연히 그 반대에요. 머리가 아닌 가슴에서 뭔가 와닿았기 때문에 구매하기 위해 이성적으로 이유를 만들 뿐이죠. 그래서 스토리텔링이 중요한 거고요. 저도 마케팅을 공부하고 실패하면서 배우고 있어요. 사람의 마음을 얻는 것과 구매까지 이어줄 기술력도 필요하거든요. 스토리텔링이 어렵다면 말하지 말고 보여주세요.

Don't tell, Show me.

『오래가는 것들의 비밀』에서 이랑주 작가는 이렇게 말했어요. "쇼윈도에 내 제품을 얼마나 멋지게 진열할까만 상상하지 말고, 탈의실 안 거울에 비친 고객의 모습을 상상해야 한다. 그래야 서랍의 열고 닫는 느낌, '드르륵'이 아닌 '차르륵'까지 만들어 낼 수 있다." 저는 이것을 '설계'라고 표현해요. 그러기 위해서는 내가 고객이 돼서 그 상황의 시나리오를 경험해 봐야 합니다. 즉, 내 상품의 첫 번째 고객은 무조건 나여야 한다는 거죠. '나라면 이 제품을 살까?'라는 관점으로 접근해 보세요. 다시 한번 강조하면 지갑은 가슴에서 열려요.

지금부터는 제가 주로 활용하는 모집 글 작성법을 소개해 드릴게요.

신청하고 싶은 블로그 작성법

〈꼭 체크해야 할 것〉
- 내 고객은 누구인가?
- 그들의 불편함은 무엇인가?
- 그들은 무엇을 바라는가?

아무리 좋은 강의나 제품을 만들어도 수요가 없으면 안 되잖아요. 모집 글을 썼다면 고객의 눈으로 보세요. '나라면 신청할까?'라는 질문을 계속 던져보세요. 저는 위의 3가지와 강의 일정, 수강료, 대략적인 메시지(강의 주제)가 정해지면 바로 모집 글을 작성해요.

더 나은 모집 글 쓰기

텍스트만 나열하면 눈이 피로해지는 경우가 많아요. 가독성을 높이기 위해서라도 내가 말하고자 하는 메시지가 담긴 이미지를 넣어보세요. 이미지는 상상의 힘이 있어요. 독자 스스로 생각하는 거죠. 또 하나! 글 중간마다 질문을 넣어보세요.

- 여러분도 이런 적 있으시죠?
- 얼마나 불편하셨어요?

블로그로 모집할 때 신청받는 방법은 다양한데요. 저는 스마트스토어로 결제하기 전까지는 현금 이체를 받았어요. 입금 후 블로그 비밀댓글로 알려주도록 했고요. 신청서를 받으면 편하기는 하지만, 그보다 블로그에 자꾸 오도록 환경을 설계했어요. 입금 사실을 비밀댓글로 남기면 저는 또 댓글을 남기면서 질문을 해요. 이렇게 블로그 댓글을 통해서 소통을 이어가는 방법도 해보세요. 개인 연락처를 받는 경우, 저는 메시지를 보내요. 수업을 신청한 이유를 묻기도 하고 수업 전에 궁금한 점이 있으면 언제든 연락해도 좋다고 전달해요. 수업 전부터 수강생에게 감동을 주고 개인적인 소통을 통해 관리받고 있다고 느끼게 하는 거죠.

▶ **이럴 땐 이렇게**

　개인 통장 계좌 번호를 노출하기 부담될 때는 블로그에 신청 댓글을 남기면 비밀댓글로 다시 알려주면 되고요. 현금 이체받기 어려운 상황에서는 카카오톡 기프티콘으로 받는 방법도 있어요. 수강료와 비슷한 금액으로 커피 쿠폰이나 문화상품권을 요청해 보세요.

전략적 감성 마케팅_인스타그램 편

이 책을 10년 뒤에도 누군가 읽는다면 인스타그램이 아닌 그때 사람들이 가장 활발히 사용하는 SNS로 접근하면 됩니다. 제가 인스타그램을 시작한 건 2016년 5월이에요. 2015년 5월 보험설계사를 시작하고 블로그만 알던 시절인데요. 보험설계사 커뮤니티에서 인스타그램 특강을 보고 영업에 도움이 되지 않을까 해서 배우러 간 것이 계기가 됐죠.

"블로그 하세요?"
"아니요. 쓰는 데 시간이 오래 걸려서 안 해요."
"인스타그램 하세요?"
"어려워서 못 하겠어요."

이런 대화를 종종 하는데요. 블로그가 오래 걸리면 인스타그램에 집중하면 되고, 인스타그램이 어려우면 배워서라도 해야 하는데 둘 다 멈춘 상태인 분이 많아요. SNS는 더 좋은 기능이 나오면서 점점 복잡해지는 경향이 있으므로 한 번 놓치면 속도를 따라잡기 어려워요. 대신 흐름을 잘 타면 남들보다 딱 한발 앞서서 리더가 될 수 있어요.

인스타그램 핵심

가로(유튜브 버전)보다는 정사각형 1:1로 이미지를 만들어 보세요.

'더 보기'를 누르지 않으면 딱 두 줄의 설명이 보입니다. 여기에 목숨을 걸고 집중하세요. 사진과 함께 글이 보이는 영역이니까요. 신문의 헤드라인, 광고의 카피라이팅 문구처럼 눈에 띌 수 있어야 합니다.

사람들이 나를 팔로우하길 바라고 인플루언서가 되고 싶나요? 그러면 그들이 볼만한 콘텐츠를 올려야겠죠? 저장하고 싶고 공유하고 싶은 내용으로요. 자신의 브랜딩과 상관없는 사진 말고 메시지를 담아서 게시글을 올려보세요. 사람들은 2가지에 반응합니다. 재미있거나, 의미 있거나.

모집 글뿐만 아니라 수업이 끝나자마자 단체 사진과 후기를 올리세요. 주기적으로 어떤 활동을 시작하고 끝내는지 보여줘서, 신뢰감을 쌓아보세요.

비즈니스 계정으로 전환해서(방법은 네이버 검색창에서 직접 확인하기) 수시로 통계를 보세요. 팔로워와 팔로워가 아닌 사람이 얼마의 비율로 봤는지, 몇 건의 저장과 공유가 있었는지 체크해요. 내가 말하고자 하는 메시지가 그들에게 잘 전달됐는지 확인하는 방법입니다.

인스타그램 광고도 해보세요. 저도 최근에 인스타그램 광고를 보다가 몇 개의 제품을 샀어요. 처음에 사람들은 관심조차 없다가 계속 노출되니까 흥미를 느끼고, 구매유도까지 되는 경우가 많아요.

아직 인스타그램을 한 번도 공부하지 않고 대충 사진과 글만 올렸던 분이라면, 이번에 제대로 공부해 보세요. 유튜브만 검색해도 도움되는 강의를 찾을 수 있어요.

『백만장자 메신저』에 나오는 말로 마무리할게요.

"판매는 사람들이 느끼는 문제를 명확하게 만들어 당신의 해결책을 사용하도록 만드는 예술이자 과학이다. 고객이 뭔가가 필요하며 그 필요한 것을 손에 넣을 수 있고 손에 넣어야만 한다고 느끼게 만드는 것이 훌륭한 프로모션이다."

온라인 강의를 팔다

코로나 때 아침부터 저녁까지 하루 두세 번 이상 ZOOM으로 강의하다 보니 슬슬 몸이 지쳐가기 시작했어요. 수업에 실시간으로 참여하지 못하는 분들의 불편함도 있었고요. 그때부터 온라인 자동화에 관심을 두고 여러 온라인 플랫폼을 옮겨가며 VOD(Video On Demand)를 판매했어요. 물론 지금도 도전하고 공부하는 분야이기도 해요.

책먹는여자의 온라인 강의 판매 히스토리

저는 지적 호기심이 많아서 배우고 바로 가르치고, 다시 또 다른 분야에 도전해서 공부해요. 좋게 말하면 다능인이고, 우리 가족들은 제가 뭐 하는 사람인지 모르는 게 현실이에요. 매번 똑같은 말을 반복하면서 수업하는 게 힘들더라고요. 몸은 하나인데 한꺼번에 많은 강의를 할 수 없어서 머리를 쥐어짰죠.

2018년 11월 디지털 마인드맵 씽크와이즈 강의 영상을 5개 찍어서 3만 원, 선착순 30명만 판매하겠다고 블로그에 올렸는데요. 자정 전에 30명 넘게 주문해서 백만 원을 벌었어요. 당시 보험설계사인 저에게는 있을 수 없는 일이었어요. 종신 보험 하나를 계약해야 받을까 말까 하는 돈이었으니까요. '이렇게도 돈을 벌 수 있다고? 그럼, 다음은 어떻게 해야 하지?'라고 생각하면서 여기저기 플랫폼을 찾기 시작했어요. 개인이 지금처럼 많은 온라인 강의 사이트에 쉽게 접근할 수 없었어요. 아쉬운 대로 유튜브에 일부 공개(나와 상대방만 볼 수 있는 방법)로 올려서 입금받고 링크를 보내주는 형식으로 계속 강의를 팔았습니다.

2020년 여름, 티처블이란 외국 강의사이트를 알게 돼서 1년 정도 강의를 팔았어요. 해외제품이라서 결제 시스템부터 우리와 달랐어요. 수강생이 1만 원 강의를 결제하면, 부가세를 포함해서 11,000원이 통장에서 빠져나가는 형식이었어요. 왜 돈을 더 빼가냐는 컴플레인이 계속 들어왔어요. 다시 유튜브 방식으로 팔아야 하나 고민했죠.

2021년 바우처로 라이브클래스라는 한국 업체를 알게 됐고, 지금까지 사용하고 있어요. 티처블 외국 사이트를 이미 써봤기에 라이브클래스는 빨리 적응할 수 있었고요. 매출이 좋아서 이곳 본사에서 인터뷰하러 오기도 했어요. 이미 촬영된 동영상이 있으니 클래스유

에도 강의를 같이 팔고 있어요.

　이 모든 과정은 온라인 강의 자동화를 하고 싶다는 목표였고요. 시간, 장소 불문하고 누구나 바로 콘텐츠를 볼 수 있게 하기 위해서였어요. 그럼, 실시간 강의는 아예 안 하느냐고요? 그렇지 않아요. 새로운 아이디어가 떠오르면 실시간 강의를 세 번 이상 진행하고요. 반복되기 시작하면 그때 영상으로 제작해서 온라인 클래스에 올려요. 일 년에 한 번 정도는 온라인 강의 중 하나를 실시간 강의로 하기도 하고요. 최근에는 오래된 강의 영상을 전자책으로 만드는 작업을 하고 있어요. 콘텐츠의 무한 생산입니다.

온라인 강의를 만들다

이번에는 온라인 강의를 만드는 법에 관해서 이야기할게요. 뭐든 처음은 어렵지요? 손에 익을 때까지 몇 번이나 그만두고 싶기도 하고요. 온라인 강의도 마찬가지예요. 기획하고 제작해서 파는 일련의 과정이 쉽지 않아요. 자면서도 돈을 벌고 싶다면, 그전까지는 남들이 잘 때도 일해야 하더라고요. 시스템을 만들어야 하기 때문이에요. 제가 처음 온라인 강의를 만들 때 실수했던 것과 현재는 어떻게 제작하는지 알려드리겠습니다.

실수

실시간 강의하듯이 영상을 한 번에 쭉 찍었습니다. 그리고 편집하려니 어디서 잘라야 할지도 모르겠고, 어느 정도 분량을 한 개의 영상에 담아야 할지 감이 안 오더라고요. 가장 처음 판매했던 스마트스토어 강의는 2시간 분량이었고요. 30분씩 4개의 강좌로 만들었어요. "강의 개수가 적어요."라는 댓글이 달렸어요. 이어지는 강의를 시간에 맞춰 강제적으로 자르니 강의 끝과 시작이 매끄럽지 않기도 하고요. 쓸데없는 말을 해서 편집해야 하는 경우도 난감했어요. 전문 편집자가 아니다 보니 영상을 처음부터 다시 찍어야 하나 싶어서 속이 탔습니다.

현재

이제는 한 강의당 5~10분 내외로 짧게, 강의 영상 수를 많게 찍고 있어요. 대부분 강의안은 파워포인트로 만들죠? 그러면 한 페이지만 녹화해요. 파워포인트 장표마다 메시지가 있잖아요. 그대로 이야기하고 끝, 다음 장표 열어서 설명하고 끝. 영상이 짧아서 보기 편하고 흐름이 좋다는 수업 후기도 받았어요.

참! 온라인 강의로 영상을 팔 때는 얼마를 받아야 할지 감이 안 오는데요. 실시간 강의를 했을 때보다는 낮게 책정하는 편이에요. 독서 모임 리더 과정은 실시간으로 33~55만 원(코칭 포함 시)인데요. VOD로는 15만 원을 받고 있어요. 가격을 낮추는 게 불편하다면 수강할 수 있는 기간을 3개월, 6개월로 늘려서 오래 공부할 수 있게 하고, 일대일 코칭권을 추가하는 방법도 있어요.

> ### 〈온라인 강의 만드는 법〉
>
> - 장비: 화면 녹화할 수 있는 프로그램(곰캠이나 ZOOM), 마이크, 조명(얼굴이 나오는 경우)
> - OT 영상 만들기: 유료 결제 전 어떤 강의이고 강사는 누구인지 알 수 있는 영상
> - 파워포인트 한 페이지씩 촬영하기(잘못 찍으면 다시 촬영해도 부담 없음)
> - 영상 촬영이 끝나자마자 동영상파일마다 미리 강의 이름으로 변경하기. 나중에 하면 다시 영상을 보면서 내용을 찾아야 해서 시간이 오래 걸림
> - 동영상파일은 구글 드라이브나 USB에 따로 저장하기
> - 강의만 쭉 진행하기보다 중간에 이전 시간 복습을 한 번씩 해주면 실제 수업과 같은 효과가 있음
> - 말만 하기보다 판서(화면에 메모하거나 중요한 부분에 줄을 치면서)를 하면 집중도가 올라감
> - 강의 마지막에는 강사 개인 SNS나 커뮤니티를 통해 도움받을 방법 안내하기

가장 좋은 방법은 내가 평소 배우고 싶었던 수업을 2~3개 들어보는 것입니다. 그러면 강의 사이트 프로세스도 알 수 있고, 강사가 강의 구성을 어떻게 하고 진행하는지 알 수 있으니까요. 온라인 강의 플랫폼(클래스유, 클래스101 등)에서 궁금한 키워드로 검색해서 강의를 찾고요. 그중에 판매가 잘되고 있는 강의를 벤치마킹해 보세요. 벤치마킹 노트에 최소 10개 이상 작성해 보세요.

벤치마킹 노트

오늘 날짜 :

벤치마킹 사이트 :

강의제목 :

좋았던 점	개선점

나에게 적용할 점

나만의 레이블링 만들기

물건을 사면 제품명, 사이즈, 색상, 보관 방법 등이 적힌 라벨이 있죠? 나만의 라벨을 만드는 작업을 레이블링 Labeling이라고 이름을 붙여 봤어요. 트렌드 코리아 2021에서 이 단어를 보고 수업 때 활용하고 있답니다.

〈최서연 레이블링〉

사명

　나 최서연의 사명은 최고의 자신을 찾는 사람들에게 BBM(Book, Body, Money)을 통해 풍요로운 성장을 돕는 것이다.

핵심 가치

　도전, 감사, 공헌

비전

　2028년까지 1인 기업가 1만 명 배출

어떤가요? 이렇게 나를 정의하면 일을 대하는 자세가 달라지고, 해야 할 일이 분명해집니다. 레이블링 작업은 온강사 1주 차에 있었는데요. 수강생들이 이 작업을 가장 어려워합니다. 책을 계속 읽으면서 줄도 긋고 메모도 하셨다면 충분히 고민하고 정리가 됐을 거라는 생각에, 이번에는 마지막에 넣었어요. 『오늘부터 1인기업』 책에도 이 부분은 소개됐어요. 또 이야기하는 건 그만큼 중요하다는 뜻인 거 아시죠? 그럼, 하나씩 만들어 볼까요?

사명

내가 태어난 이유입니다. '나'라는 사람도 결국 도구입니다. 도구는 쓰임을 받아야겠죠? 사명은 누구를 도울 것인지 적는 "나 사용 설명서"이기도 입니다.

> - 대상: 내 고객은 누구인가? 누구의 문제를 해결해 줄 것인가?
> - 어떻게: 내가 가진 무엇으로 그들을 도울 것인가?
> - 미래 모습: 그래서 그들의 삶은 무엇이 달라지는가?

처음에는 어려운 작업이에요. 머릿속 생각을 구체적으로 적어야 하니까요. 괜찮아요. 일단 지금은 생각나는 대로 단어 하나라도 적어보세요.

내 사명 적어보기
• 대상:
• 어떻게 :
• 미래 모습:

핵심 가치

나를 움직이게 하는 원동력이에요. "저 사람은 나와 안 맞아. 가치
관이 달라." 이런 말 하죠? 내 핵심 가치를 찾아보세요. 아래 표에 있
는 핵심 가치 단어 중 3개만 찾아보세요. 내가 평소 중요하게 생각했
던 단어로요.

내 핵심 가치 적어보기
1.
2.
3.

〈핵심 가치〉					
건강	평온	사랑	진정성	탁월함	노력
열정	보람	활력	격려	수용	책임
통찰	도전	용기	감동	유머	창조
평화	행복	희망	몰입	깨달음	감사
용서	유연함	자신감	절제	정직	여유
실천	신중	성찰	성실	호기심	결단
신중	겸손	긍정	끈기	지혜	배움
협력	친절	신뢰	예의	우정	정의
존중	배려	나눔	기여	공감	경청
휴식	기쁨	교감	자유	즐거움	

비전

비전과 사명이 헷갈리는데요. 쉽게 설명해 드릴게요. 사명은 내가 태어난 이유라고 했죠? 비전은 사명을 이뤘을 때 어떤 결과, 성과를 이루는지 양적 평가로 적어 보는 거예요. 사명은 어떻게 보면 추상적일 수 있으니까요.

여러분이 사명대로 산다면, 5년 뒤 어떤 모습일까요? 설레는 마음으로 미래를 상상하면서 적어보시겠어요?

내 비전 적기

『백만장자 메신저』는 제가 20번 넘게 읽은 책인데요. 브렌든 버처드는 책에서 "나는 자신이 표현하고 자신이 아는 바를 이야기하는 과정에서 자신을 발견한다고 믿는다."라고 했어요. 레이블링하다 보면 내가 나에 대해서 모르는 것에 대해 답답함이 있을 텐데요. 괜찮아요. 500명 이상 사명 찾기를 도와드리면서 숙제를 내드렸어요. 실제 숙제를 한 분은 10%도 안 돼요. 여러분은 해보시겠어요? 내 사명이 명확하지 않아도 하루에 한 번씩 딱 30일만 SNS에 올려보세요.

나 혼자 끄적거리면서 생각할 때와 공개해서 쓸 때 마음도 다르고요. 사람들의 반응을 통해 피드백도 받을 수 있거든요. 여러분의 사명을 세상에 나누세요.

강의 사다리, 콘텐츠 피라미드 만들기

선언이 왜 중요할까? 모든 것은 '에너지'로 이루어지기 때문이다. 모든 에너지의 흐름에는 빈도와 진동이 필수적이다. 선언할 때마다 진동이 생기고 빈도가 늘어난다. 큰 소리로 선언하면 그 에너지가 몸속에 있는 세포 하나하나를 통해 진동하며 우리의 몸에 독특한 반향을 일으킨다. 선언은 우주에 특별한 메시지를 보내는 것뿐 아니라 당신의 무의식에 강력한 메시지를 보내는 일이다.

- 『백만장자 시크릿』 중

이제 거의 다 왔습니다. 책먹는여자의 돈 버는 법, 다양한 파이프라인 사례, 나 자신 찾는법, 콘텐츠는 어떻게 만드는지, 어디에 팔아야 하는지 알려드렸는데요. 이번에는 강의 사다리, 콘텐츠 피라미드에 관해 이야기해 볼게요. "나는 콘텐츠가 없어."라는 분께 도움이 될 거예요.

강의 사다리 만들기[4]

저는 〈더 석세스 리더스클럽〉이라는 1인기업 독서 모임을 꾸렸어요. 회비는 19,900원이었고요. 3주마다 수요일에 모임을 했어요. 내가 필요한 분야에 관한 공부를 할 마음으로 전략적으로 접근했죠. 매회 모집하기도 했고, 연회원을 통해 안정적인 모임을 할 수 있었어요. (정가 19,900원×12개월=238,800원 / 연회원 할인 150,000원)

제가 알고 있는 1인기업 정보와 책을 통해 공부했던 내용이 합쳐지면서 〈배움을 돈으로 바꾸는 기술〉 온라인 강의를 3시간 과정, 99,000원에 진행했어요. 그러다 보니 수업만으로는 해결되지 않는 개별상황이 있더라고요. 일대일 컨설팅(33만 원)도 만들었죠. 저처럼 1인기업을 하고 싶은 사람들의 수요가 늘면서 〈온라인 강사과정〉도 추가로 만들었어요. 5주 과정 220만 원으로요. 2023년에는 〈더빅리치 마스터클래스〉 최고급 과정을 진행하고 있어요.

어떤가요? 1인기업이라는 주제 하나로 콘텐츠가 계속 뻗어나가는 게 보이시나요? 그 시작은 모두 고객의 불편함, 불만에서 비롯됐어요. 저도 처음인 프로그램은 엉성할 수밖에 없거든요. 수업하면서 스스로 느꼈던 부족한 부분은 개선하고 수강생의 피드백을 받으면서

---

4 하나의 콘텐츠를 기본, 표준, 고급으로 수직적 확장

계속 업그레이드했어요.

이렇게 할 수도 있어요. 하나의 강의를 늘리고 줄이면서 여러 옵션으로 산정해서 프로그램을 만드는 방식이에요.

독서 모임 1회 비용 1만 원
→ 3회 일괄 신청 시 25,000원
→ 연간 회원 신청 시 9만 원

독서 모임이 아니더라도 주기적으로 진행하는 모임은 위의 형식대로 모집해 보세요. 나의 모든 콘텐츠를 3가지 비용으로 저가, 중가, 고가로 만들어 볼 수 있어요. 저도 초반에는 머리로는 알아도 행동하기가 쉽지 않더라고요. '그래서 어떻게 하라고?' 이런 기분이었어요.

가격	저가	중가	고가
강의 사다리	원데이 특강	3~4주 프로그램	일대일 코칭
	무료 특강	원데이 특강	3~4주 프로그램

무료 모임을 한 후에 유료로 유입시키는 방법도 가능하고요. 2시간짜리 원데이 수업으로는 이론만 알려주고 3~4주 프로그램으로 이

론과 실습, 코칭을 통해 고액으로 수업료를 올릴 수도 있어요.

콘텐츠 피라미드[5]

이렇게 여러 가격의 콘텐츠를 구성하다 보면 저가, 중가, 고가 상품 군이 피라미드처럼 구성이 돼요. 저가는 많고, 고가는 적겠죠? 제 꿈은 강사계의 백종원이 되는 건데요. 백종원 대표의 영상은 3대 천왕, 골목식당부터 현재 나오는 프로그램도 계속 챙겨봐요. 음식 장사는 사람의 본능, 식욕과 관련됐잖아요. 여기서 성공했다는 것은 사람의 심리를 안다는 거거든요. (백종원 대표 『장사 이야기』 책 추천)

백종원 대표가 골목식당에서 컨설팅할 때 항상 식당 주인에게 이야기하는 것이 청결, 음식값 내리기에요. 저한테도 "대표님 강의는 왜 이렇게 싸게 받아요?"라면서 걱정하는 분도 있었는데요. 저는 그 말을 듣는 순간 '아! 내가 생각했던 게 제대로 되고 있구나!'라고 생각했어요. 피라미드 아래에 쫙 깔린 저가 상품이 모이면 고가 못지않은 효자 노릇을 해요. 고가 상품은 준비기간부터 수업 시간도 오래 걸리죠. 에너지 소모도 많아요. 한 번에 큰돈을 받지만, 그 후에 해

---

5 콘텐츠의 수평적 확장

야 할 일이 많은 거죠.

콘텐츠 구성이 다양해지면 블록처럼 내 상황에 따라 조절할 수 있어요. 이 책을 쓰고 있는 지금은 일 년 동안 국내 여행을 다니고 있는데요. 이때는 오프라인 강의를 아예 못 하고 온라인 강의만 진행해요. 실시간 수업을 못 할 때는 이미 가지고 있는 VOD를 이벤트 형식으로 팔기도 해요. 여행 중에는 매일 글을 쓰고, 영상을 촬영하면서 콘텐츠도 만들고요.

• 강의 벤치마킹하셨죠? 아이디어도 많이 떠올랐을 거예요. 내가 바로 할 수 있는 프로젝트는 무엇일지 10개 이상 적어보세요.

강의 사다리

될까 안될까 고민하지 않고 하고 싶은 것 다 적어보기

콘텐츠 피라미드

강의 사다리에 적은 것들을 가격별로 분류해보기

저가	중가	고가

Core Management_시간

1인기업 3년 차가 넘어서야 알게 된 시간, 돈, 에너지 관리에 대해서 말씀드릴게요. 혼자 일해야 하는데 시간은 한정돼 있고 몸은 하나라서 자칫하면 몸이 망가지기도 해요. 요령없이 돈을 벌려다 보니 마음만 급해져서 실수하기도 하고요. 돈 관리를 제대로 못 해서 벌어도 돈이 없기도 합니다.

시간 관리

애쓰지 않아도 매일 선물처럼 주어지는 시간을 관리하는 것부터 집중해 보세요. 저도 호기심이 많아서 이것저것 하다 보면 그날 일정이 꽉 차서 헐떡이며 일할 때도 있어요. 그때는 잠시 멈추고 '내가 오늘 꼭 해야 할 일은 뭐지? 무슨 일이 가장 중요하지?'라고 돌아봐요. 가장 중요한 순서대로 목록을 적고, 다시 일을 시작합니다. 하지 않아도 되는 일은 과감히 내려놓으세요.

"마감일보다 하루 앞당겨 일을 마무리하세요."라고 수강생에게 강조해요. D-1 전략입니다. 많은 사람과 협업하다 보면 마감 시간이 다 돼서 자료를 내는 경우도 있고, 며칠이 지나도 아예 연락조차 없는 사람도 많아요. 처음에는 당황스러웠어요. 같이 하기로 한 일인데 늦으면 늦는다고 이야기라도 하면 좋을 텐데 말이죠. 마감일 전에 제출하는 사람은 1% 정도였어요. 이걸 깨달은 후로 마감일이 정해진 일은 최대한 빨리 보내려고 노력해요.

제 시간 관리의 일등 공신은 3P 바인더입니다. 아날로그 기록의 힘이죠. 여러분이 쓰고 있는 다이어리, 플래너로 평생의 비서로 만들어 보세요.

〈꼭 기록해야 할 시간 관리 기록〉
- 그날 해야 할 일
- 주간 목표, 이번 주 가장 중요한 일
- 꿈 리스트(하고 싶은 것, 여행 가고 싶은 곳, 갖고 싶은 것 등)

Core Management_돈

통장에 수강료가 입금될 때 깜짝 놀라곤 했어요. 어떻게 알고 신청했나 궁금하기도 했죠. 2018년 보험설계사를 하면서 강의를 겸업했는데요. 보험은 고객이 가입 후 일정 기간이 지나야 수당을 받을 수 있거든요. 강의는 아직 하지도 않았는데 먼저 돈을 받는 선급 시스템이라는 점도 매력이었어요. 그러다 보면 공돈 같아서 가볍게 써 버리기도 해요.

돈 관리

개인 통장과 수업료 입금받는 통장을 분리해 주세요. 통장을 하나로 쓰면 얼마를 벌었는지 체크하기 어려워요.

사업자등록증을 내고 경비 처리(미팅 접대비, 수강생 선물, 업무 관련 장비 구입)도 받고 세금도 내세요. 물론 세금 신고할 때마다 증빙해야 할 서류도 많고 복잡해요. 그런데 신고할 때마다 내 사업이 어떻게 돌아가고 있는지 알 수 있어서 도움이 돼요. 이왕 세금 신고를 힘들게 할 거면 돈을 더 벌자는 다짐도 하고요.

세무사 수임도 고려해 보세요. 1인기업을 하면서 가장 잘한 일이 세무사 수임이라고 생각해요. 우리가 하는 모든 일이 돈과 관련돼 있잖아요.

이제는 개인 가계부가 아닌 경비를 매일 기록해 보세요. 2020년부터 지금까지 엑셀로 경비를 기록하고 있어요. 장비 구매(노트북, 삼각대 등)부터 수강생 미팅할 때 사용된 식사비, 택배비 모두 기록해요. 이렇게 해놔야 나중에 세금 신고할 때 수월해요. "저는 돈 많이 벌면 그때 경비 적고, 세무사 수임할게요."라는 분도 있는데요. 지금부터 기록하는 습관을 들이고, 사업 초기부터 확장할 때까지 세무사와 함께해야 탄탄한 1인기업이 된다고 생각해요. 돈을 많이 벌 때는 지금보다 바빠질 텐데, 매일 경비를 적을 수 있을까요?

자신의 한 달 고정비용이 얼마나 나가는지 점검해 보세요. 고정비용이 내가 최소한 벌어야 할 돈입니다. 필요하지 않은데 정기 결제되는 것도 과감히 정리하시고요.

매달 자신에게 급여를 주세요. "저는 버는 돈이 별로 없는데요?" 네. 그래도 괜찮아요. 개인 통장을 따로 쓰라고 말씀드렸죠? 저는 매달 1일에 저에게 급여를 줘요. 약 70~100만 원 사이에요. 먼저 30만 원 정도 입금해서 체크카드로 쓰고요. 부족하면 남은 기간에 따라 더 입금해요. 그래서 제 개인 카드는 항상 거의 0원으로 매달 끝나요.

세금 공부도 해보세요. 기초 상식은 있어야 세무사에게 물어봐도 알아먹을 수 있을 것 같아서, 어렵긴 하지만 1인기업 세금 관련된 책을 5권 이상 봤답니다.

Core Management_에너지

시간, 돈에 이어 마지막은 에너지 관리입니다. 에너지는 육체와 정신 모두 해당해요. 몸이 축나는 줄도 모르고 강의하고 몸살이 나서 수액을 맞았어요. 초보라 어떻게 강의해야 하는지 몰라 스트레스를 받을 때도 있었죠. 화장은 하는 것보다 지우는 것이 중요하다는 광고 문구도 있죠? 맞아요. 강의도 하는 것만큼이나 잘 쉬어줘야 합니다.

더 많은 강의를 하려고 발버둥 치지 않기로 했어요. 쉬는 것도 일의 하나라고 마음을 바꿨어요. 온라인 강의 초반에는 일주일 내내 밤마다 수업을 잡았어요. 물론 아침에도 일정이 있었고요. 처음에는 일주일에 하루만 쉬는 날로 빼놨어요. 다음 날 아침 수업이 있으면 전날 저녁에는 강의를 잡지 않기로 했고요.

지속하는 방법을 찾기 위해서 에너지 관리를 시작했어요. 지금은 주 2~3회만 실시간 강의를 하고 나머지 시간은 책을 보거나, 콘텐츠 작업을 해요. 자신을 위한 시간을 떼어놓고 따로 갖는 건 중요해요.

그때만큼은 휴대폰을 비행기 모드나 방해금지로 해놓고 조용히 보내보세요. 좋아하는 카페에 가는 것도 좋고, 전시회, 여행도 추천해요.

또 하나, 지금도 어려운 부분인데요. 나의 상식이 모든 사람에게 적용되는 것은 아니더라고요. A라고 분명히 말했는데, B라고 알아먹는 사람도 있고요. 중요하다고 꼭 기억하라고 했는데도 또 물어보는 사람도 있어요. 사람들은 자신에게 꼭 필요한 상황이 아니고서는 관심을 두거나 기억하지 않더라고요. 흘려듣는 거죠. 그만큼 정보가 넘치기도 하고요. 이때 강사의 에너지 관리가 잘되지 않으면 짜증이 나거나 무시당한다고 느낄 수도 있어요. 그래서 리더 자신을 먼저 스스로 돌봐주세요.

스트레스가 심하거나 몸이 아플 때 자신만의 해결 방법을 꼭 몇 개 가지고 계세요. 그래야 대처가 빨라요.

다시 처음으로 돌아간다면

2018년 1월 처음으로 강의하던 때가 생각나요. 보험설계사가 아닌 강사로 누군가의 앞에 섰어요. 제가 하는 말을 귀담아듣고 하나라도 더 배우려고 질문하는 수강생의 모습에 감사했죠. 초심을 잃지 않으려고 해요. 내가 공부할 수 있음에 감사하고, 새롭게 알게 된 것은 누군가에게 알려주는 행복을 포기하지 않으려고요.

"급할 필요가 없어요. 포기만 하지 말고 천천히 해보세요."라고 어제도 수강생에게 말했어요. 그 말은 과거의 저에게도 하는 말이에요. 저도 조급했고 답답했고 불안해서 일을 망쳤던 적이 있거든요. 나만 뒤처진 것 같아서 남 탓도 많이 했고요. 내가 할 수 있는 일로 매일 꾸준히 하면 시간이 지날수록 점점 좋아집니다. 그런데 사람들은 남들이 돈 버는 것을 따라 하려니까 자꾸 자신을 놓쳐요. 자신을 믿고 천천히 하나씩 테트리스처럼 블록을 쌓아보세요. 레고처럼 이리저리 모양을 바꿔가면서 콘텐츠를 만들어 보세요.

다시 처음으로 돌아가서 1인기업을 한다면, 나를 믿고 불안해하지 않겠어요. 또 하나, 모든 과정을 기록으로 남기겠어요. 물론 지금까지 그 흔적으로 지금 이 책을 읽는 여러분을 만나게 됐지만, 아쉬워요. 다른 사람에 비해서는 SNS를 활발히 하는 편이지만, 저도 바쁘다는 핑계로 미팅 장면이나 수업 전후 과정의 기록을 놓치기도 했거든요. 여러분의 발자취를 SNS에 이력서처럼 꾸준히 올려보세요.

수강생 사례

소아·청소년과 의사, 강사 되다

소아·청소년에게 진료, 책, 상담을 통해 몸, 마음, 영의 건강을 돕는 소아 청소년과 의사이자 의미 심리상담사 김화자입니다. 더욱 전문적인 치료를 위해 현재 상담심리학과 대학원에 재학 중입니다.

소아·청소년에게 보다 나은 소통을 위해 각종 SNS 활용법을 배우고, 내가 아는 지식과 경험을 강사로서 전달하고 싶었습니다. 이제는 오프라인과 온라인을 병행해야 하는 시대이므로 시대에 부응하는 방법으로 온강사를 신청하게 되었습니다.

수업을 통해 블로그, 인스타그램, 유튜브 등 실질적으로 활용하는 법을 배웠습니다. 독서 모임을 개설하고, 홍보하여 회원을 모집하고, 이끌어 가는 법을 배워서 2년 이상 모임을 운영하고 있습니다. 배움에 서투르고 좌충우돌 실수도 했지만 결국은 해내게 된다는 자신감을 얻은 것이 가장 큰 소득입니다. 제가 만든 강의를 발표할 기회도 얻게 되었고 공저 책도 출간하면서 얼마나 성장했는지 모릅니다.

소아·청소년의 심신 건강을 위해 그동안 해왔던 진료와 상담을 계속하는 것이 제 인생 목표입니다. 소아 청소년의 심리상담은 부모 교육, 가족치료와도 밀접한 관련이 있으므로 온강사에서 배운 소통 방법을 적용하여 강의와 상담, 진료를 병행할 예정입니다.

인스타그램 @hwajakim1

온라인 커뮤니티 전문가 되다

김포 구래동에서 1인 네일숍을 운영하는 김상미라고 합니다. 문제성 발 관리 전문숍에서 8년째 일하고 있으며 온라인에서는 낭독클럽이라는 커뮤니티를 운영하고 있습니다. 코로나 때문에 손님들이 더이상 안 오면 어떻게 해야 하나 고민이 됐어요. 제가 온라인 세상으로 들어가 보자 싶어서 수업을 신청했어요. 각종 SNS를 익히고 온라인 커뮤니티를 만들었어요.

수업을 통해서 영상 작업을 수월하게 할 수 있었고요. 오픈톡방, 플러스 친구 등 여러 채널을 만들어서 활동하고 있어요. 리더라는 자리가 힘들면서도 보람차다는 것도 알게 됐습니다. 무엇보다 콘텐츠 크리에이터가 되었다는 사실과 나도 무엇이든 할 수 있다는 자신감이 생겼어요.

1인기업은 나 혼자이지만 협업이 필수입니다. 함께해야 성공할 수 있어요. 알고 있는 지식을 나눠줄수록 나의 돈 그릇도 그만큼 커질 수 있다고 믿으며, 지식 산업으로 성공하는 1인기업가가 되고 싶습니다.

인스타그램 @mimi_kupa

농장 엄마의 도전은 계속된다

경북 문경, 귀농 6년 차로 한우 농장을 운영하면서 '농장 엄마'로 살고 있습니다. 3P 바인더 코치이자 작가, 김은경입니다.

온라인 강사의 목적보다 농장 일에 체계성을 가지고 정리 할 수 있겠다는 확신이 있었습니다. 변화하는 시대에 맞는 도구도 알고 싶었고요. 지금이 아니더라도 시간이 지나면서 배워야 할 것들이 복합적으로 수업에 녹아 있어 신청했습니다. 지금은 온라인 도구를 이용해 소 키우는 일과 관련된 설명회를 하고, 온라인 강의도 하고 있습니다.

온강사를 통해 온라인 도구를 배우고 수강생 교류(벤치마킹, 멘토링)를 할 수 있어 도움이 됐어요. 내가 할 수 있는 것을 어떤 방식으로 풀어 나가야 하는가를 지속해서 고민해 볼 수 있었고 앞으로 농장 확장과 개인 브랜딩 강화를 목표로 하고 있습니다.

인스타그램 @gimeungyoung1447

고마워 컴퍼니 덕분입니다

고마워 컴퍼니 대표 최덕분입니다. 저는 꿈의 실현을 원하는 분들에게 고사덕행을 통해 풍요로운 행복 성장을 돕고 있습니다. 핵심 가치인 감사, 나눔, 성장을 바탕으로 더 고마워 감사 일기, 더 고마워 리더십, 1인기업 컨설팅을 진행하고 있습니다.

15년 다닌 회사에서 퇴직하고 1인기업가로 강사가 되고 싶었으나, 방법을 알지 못했습니다. 브랜드는 있으나 콘텐츠를 만들지 못해 힘듦을 겪고 있었는데요. 온강사를 통해 프로젝트를 시작하고 수익을 창출할 수 있었습니다.

수업을 통해 다섯 가지 도움을 받았습니다.

첫 번째로는 씽크와이즈를 통해 콘텐츠 기획하는 방법을 배웠습니다.

두 번째로는 프로그램 진행하는 순서와 운영 방법을 배웠는데요. 그 무엇보다도 마지막 순간까지 홍보하는 것이 중요함을 알게 되었어요.

세 번째로는 추천 도서를 읽고 나누며 1인기업의 마인드와 브랜딩의 의미를 깨닫게 되었어요.

네 번째로는 발표회를 통해 1인기업가의 자세와 고객이 원하는 것이 무엇인지 배우게 되었어요.

다섯 번째로는 콘텐츠를 만드는 순서와 론칭하는 방법을 알게 되었어요.

저에게는 3가지 목표가 있습니다. 첫 번째, 고마워 컴퍼니를 전국에 12개의 지점을 내는 것입니다. 두 번째, 고마워 리더십 강사를 100명 양성하여 기업, 공공기관에 파견하는 것입니다. 세 번째, 고마워 기업에서 주관하는 감사 일기 프로젝트를 만 명 이상 참여하여 감사로 행복 증진을 돕는 것입니다.

인스타그램 @gody_coach

책으로 세상을 그리는 교육 아티스트

꿈독서교육연구소 꿈꾸는담쟁이의 소장 김단비입니다. '책으로 세상을 그리는 교육 아티스트'라는 사명으로 미술관의 도슨트처럼, 어려운 인문 고전 책을 쉽고 재미있게 만날 수 있도록 도와주는 교육 아티스트, 인문 고전독서 코칭 전문가로 활동하고 있습니다.

포항에서 초중등 아이들과 고전독서 코칭, 영어 그림책 코칭, 역사 코칭 등 책 토론을 하고 있습니다. 최근에는 중학생 아이들과 고전독서 코칭도 하고 있어요. 인스타그램 독서 모임 인북클럽에서 철학 살롱을 운영하고 있으며 독서 모임 리더, 브런치 작가로 활동하고 있습니다.

온라인으로 수업하고 싶었는데 마침 강좌가 열려서 1기를 바로 신청했습니다. 강사로서 온라인 도구 이용이나 수업 계획을 세우는 것이 막연했는데 상담 후에 수업을 듣게 되었고 만족했습니다.

곰캠으로 수업을 녹화해서 하는 방법을 알게 되었고 할까 말까 고민하던 습관 프로젝트 수업을 시작하였습니다. 가끔 사람들이 유튜브를 보고 저를 찾아올 때 신기하다는 생각이 듭니다. 철학 살롱이라는 독서 모임을 운영하고 있고 중학생 독서 모임도 2년 가까이 하고 있습니다. 숭례문학당에서도 줌으로 수업도 하고요. 온강사 덕분에 다양한 수업을 할 수 있게 되었습니다.

인스타그램 @danbie_

직장인 아니고 엄마 사업가

22년의 직장 생활에 마침표를 찍고 스마트스토어를 운영하다가 지금은 애터미 네트워크 마케팅 사업을 하는 엄마 사업가 친슈맘(친절한 슈퍼맘) 유현주입니다. 우연히 블로그를 시작하면서 최서연 작가님 SNS를 알게 되었고, 작가님의 커뮤니티에서 활동하면서 자기 계발을 시작했습니다. 작가님이 운영하던 미라클 모닝에 참여했다가 지금은 제가 리더로 3년 넘게 진행하고 있습니다.

온라인 강사 수업이 개설될 때 저는 스마트스토어를 운영하고 있었습니다. 저처럼 스마트스토어를 운영해 보고 싶어 하는 분들이 알려달라는 제안을 하셨지만, 강사는 생각해 본 적이 없었습니다. 이참에 온라인 도구를 배워보고 싶어서 수업을 신청하게 됐습니다.

1기를 수료하고 스마트스토어 왕초보 강의를 시작했습니다. 온라인 수업을 위한 도구를 익힌 것도 감사한 일이었지만, 특히 저에게 가장 큰 배움은 도전이었습니다. 수업이 끝나고 오픈한 강의를 통해

한걸음 아니 한 단계 성장했다는 생각이 듭니다. 때로는 익숙하지 않은 일도 하고 싶지 않은 일도 도전하고 반복하게 되면 점점 편안하고 익숙해지는 것 같습니다.

지금은 스마트스토어 운영과 강의를 하지 않고, 애터미 퍼스널 플랫폼 비즈니스 오너로서 1인기업을 운영하고 있습니다. 제가 먼저 솔선수범하여 무엇이든 잘하는 리더가 되어 독립적으로 때로는 함께 일을 해나가는 분들에게 도움 줄 수 있는 사람이 되겠습니다. SNS를 통해 저를 꾸준히 알리고, 독서를 통해 자기 계발 노력을 게을리하지 않겠습니다. 매일 감사 일기와 시간 가계부를 작성하며 행복한 1인기업가가 되겠습니다.

인스타그램 @atomy_chinsuemom

3040 엄마들의 메신저

온라인 세상에서 '그릿지선'으로 활동하며 3040 엄마들의 변화와 성장을 돕고 있습니다. 온라인에서 돈 벌 방법을 찾고 있을 때, 2022년 최서연 작가님을 만나게 되었답니다.

배움을 돈으로 바꾸는 기술의 약자인 '배돈기' 제목만 들어도 신청하고 싶지 않나요? 저는 배움을 좋아해요. 배워서 돈으로 만드는 법이 궁금했어요. 그렇게 되고 싶었답니다. 배돈기 수업을 듣고 한 달에 하나씩 실천한 결과 저도 어엿한 1인기업이 됐습니다.

수업 때 들은 '원금 회수'라는 단어가 아직도 기억에 남습니다. 배움을 실천하고 작은 성과를 만들어 내는 것이 첫 시작이더라고요. 온라인에서 1만 원을 벌어보니 '어떻게 하면 3만 원을 벌 수 있을까?'라고 고민했고 그다음은 5만 원, 그리고 20만 원을 벌게 되는 마인드를 가졌답니다. 조급함을 버리고 내가 할 수 있는 것부터 차근히 하나씩 해나가면 누구든지 가능하다는 확신이 생겼습니다.

이 일을 오래 하고 싶어요. 5년 뒤면 41살입니다. 성장하는 1인기업이 되고 싶습니다. 콘텐츠를 단단하게 만들어 쌓아 올려야겠어요. SNS에 메시지를 담은 글을 꾸준히 올릴 예정입니다. 육아하며 엄마들이 좋아하는 일로 1인기업을 할 수 있도록 돕는 조력자의 삶을 살 것입니다.

인스타그램 @gritjs

책을 통해 내면 자아와 만나 행복한 부자가 되도록 돕는 이지련 코치입니다. 10년의 정신과 간호사 경력을 통해 정신건강간호사 1급 자격을 취득했습니다. 마음 성장과 더불어 경제적인 성장을 위한 부동산 투자, 경매와 관련된 도움을 드리기 위해 공인중개사자격을 갖추어 마음과 삶을 함께 일구어 나갈 수 있도록 돕고자 합니다.

끊임없이 배워야 성공한다는 불안한 마음으로 계속해서 책을 읽고 다양한 강의를 들었지만 스스로 부족하다는 생각 때문에 실제로 행동하지 못하고 있었는데, 독서 모임부터 시작해서 1인기업으로 성공한 최서연 작가를 보고 '나도 저렇게 멋진 삶을 살 수 있겠구나'라는 생각이 들어서 수업을 신청하게 되었습니다. 특히 저와 같은 간호사 출신이라는 점이 더욱 와닿았고 쓰신 책을 읽어보니 실제적인 팁이 많아 유용했고, 책을 통해서 하나라도 더 알려주려고 하는 마음이 느껴져서 강의까지 신청하게 되었습니다.

나의 경험을 수입으로 만드는 방법뿐만 아니라 중요한 것은 마인드라는 것을 배웠습니다. 이를 통해 용기를 내어 책을 좋아하는 장점을 잘 살려 독서 모임을 오픈했습니다. 지출 가계부만 쓰지 말고 수입 가계부를 쓰라고 알려주신 덕분에 블로그에 집중했고, 덕분에 각종 체험단에 선정돼서 활동하고 있습니다. 일대일 코칭을 통해 나에 대해 가지고 있던 부정적인 생각을 인식할 수 있어서 큰 도움이 되었습니다. 그리고 읽은 책에서 꼭 한 가지는 실천하는 습관을 지니게 되었고, 배우고 익히는 것이 모두 사업 아이템이 된다고 확신하게 되었습니다.

인스타그램 @bookcoachbim

아날로그 감성, 디지털 드로잉 작가

디지털 드로잉 클래스를 운영하며 그림으로 수익화할 수 있도록 돕고 있는 이지은입니다. 또한 아날로그 감성을 품은 디지털 문구 디자인으로 각종 서식 및 스티커를 제작하고 있습니다. 평생직장은 사라졌기에 내가 가진 지식과 경험을 돈으로 바꾸는 기술을 배우고자 수업을 신청했습니다. 책을 읽기만 했지, 어떻게 적용하고 나만의 콘텐츠를 만드는지 과정에 대해 현 실무자에게 배울 계기라고 생각했습니다.

배움은 끝이 없고, 배우고자 하는 마음만 있다면 기회는 열려 있다는 것을 알았습니다. 수입 가계부를 통해 실질적인 나의 수익을 시각화해 볼 수 있었습니다. 배운 것을 즉시 적용하여 타인을 가르치는 경험을 통해 나도 성장하며 수익화할 수 있음을 알게 됐습니다. 다양한 파이프라인을 구축하기 위해 끊임없이 연구하고 시간을 투자해야 함을 배웠습니다.

디지털 드로잉을 하면서 수익화 내는 사람들이 많아져 좋아하는 일로 일상을 아름답게 꾸려가는 사람들이 많길 바라며, 그분들을 돕는 것이 제 목표입니다.

인스타그램 @jstudio0226

나를 브랜딩하는 방법을 알고 싶어요
생각만 많고 행동이 어려워요
SNS를 꼭 해야 할까요?
재능이 없어도 노력하면 될까요?
먹고 살기도 바쁜데…
전업주부인데, 저도 돈을 벌고 싶어요
모객이 고민이에요
콘텐츠가 없어도 돈을 벌 수 있나요?
퇴사하고 싶어요
나만 뒤처진 것 같아요

나를 브랜딩하는 방법을 알고 싶어요

『마케팅 불변의 법칙』에서 마케팅은 인식의 싸움이라고 했어요. 탄산음료 하면 코카콜라, 패스트푸드 하면 맥도날드가 떠오르는 것처럼 말이죠. 브랜딩도 결국 사람들에게 어떤 존재로 인식되는가입니다. 내가 하고자 하는 일에는 이미 선두 주자가 있습니다. 시작하자니 늦었다는 생각이 들 때가 있어요. 나만의 것을 만들자니 어디서 시작해야 할지도 모르겠고요.

그럴 때는 이렇게 해보세요. 브랜딩이라는 거창한 포장을 벗겨내고, 매일 나라는 사람을 알리는 거죠. 내가 좋아하는 것, 내가 보는 책, 어디 가서 무엇을 먹는지, 누구와 함께하는지 공유해 보세요. 사소한 것이 하나씩 모여 '아. 저 사람은 이런 사람이구나!'라고 사람들이 인식하기 시작합니다. 대단한 것이 아닌 사소한 것에서부터 시작해 보세요.

생각만 많고 행동이 어려워요

맞아요. 누구나 그럴 수 있어요. 그런 자신을 자책하지 않아도 됩니다. '어떻게 하면 어제보다 한 개라도 더 해볼 수 있을까?'라고 생각을 확장하고 해결책을 찾아보세요.

저는 생각이 떠오르면 바로 실행해 보는 편이에요. 그래서 몸이 고생해요. 실수도 잦고요. 행동파도 힘든 점은 있답니다.

생각파는 떠오르는 아이디어를 머리가 아닌 종이에 옮겨보세요. 글씨로 옮기는 과정에서 생각이 멈춰지고 잠시 틈이 생길 거예요. 문장부호로 말하면 쉼표가 생긴 거예요. 그때 내가 해야 할 일과 하지 말아야 할 일을 결정하는 힘이 생겨요. 적었으면 그중에 내가 지금 바로 할 수 있는 일, 꼭 해야 하는 일 하나만 골라보세요. 그리고요? 오늘 바로 해보는 거죠.

완벽하게 준비하고 시작하기란 쉽지 않아요. 우리가 불완전한 사람이기 때문이죠. 실수할 용기를 마주하고 지금 바로 한 발짝만 걸어 보세요.

SNS를 꼭 해야 할까요?

이 질문은 "밥을 먹어야 할까요? 화장실은 가야 하나요?"라는 것과 비슷해요. 1인기업 도구 중 필수인데, SNS를 하지 않으려는 이유가 뭘까요?

- 어렵다
- 바쁘다

말이 안 되죠. 우리는 항상 바빠요. 그래도 잠도 자고 밥도 먹습니다. 지금까지 우리가 공부한 것 중에 처음부터 쉬웠던 것이 있나요? 어려웠지만 손에 익도록 계속 사용하면서 자신의 일부처럼 자유롭게 쓰는 거죠. 나를 알리고 고객과 소통하기 위해서라도 SNS를 시작해야 합니다.

어느 것 하나 쉬운 게 없는 1인기업이죠? 어려워서 보람된 일이기도 해요. 배우면서 나 스스로가 성장하는 걸 느낄 수 있거든요. SNS, 놓치지 마세요.

재능이 없어도 노력하면 될까요?

재능은 타고난 것을 말하죠? 타고난 것이 없는 사람은 없다고 생각해요. 각자 하나의 씨앗은 가지고 태어났다고 믿어요. 대신 그 씨앗을 찾아서 꽃을 피우고 열매를 맺는 게 인생이지 않을까요? 재능을 가지고 태어난 사람도 자기관리를 제대로 하지 못해 인생을 망치기도 하고요.

배우들이 TV에 나와서 인터뷰할 때 자주 받는 질문이 있어요. "원래 연기를 잘하셨나요? 어렸을 때부터 소질이 있었나요?"라고 물으면 그들은 대답해요. "아니요. 처음부터 연기를 할 생각이 있었던 건 아니에요. 엄청 못 했어요. 하다 보니 이 일을 더 좋아하게 됐어요." 남들의 재능을 부러워하기보다, 지금 내가 해야 할 일부터 제대로 하는 것이 중요해요. 그 일부터 해내다 보면 자신이 무엇을 잘하고 좋아하는지 알게 됩니다. 지금 우리가 하는 일을 통해서 나를 찾고 드러내는 연습을 해보세요.

먹고 살기도 바쁜데…

맞아요. 안 바쁜 사람이 없지요? 먹고살기 바쁘니까, 먹고 사는 문제부터 해결해야 합니다. 그 과정에서 창조성을 발휘해서 과거에 나처럼 살았던 사람들을 도우세요. 먹고살기 바쁜 사람도 밥도 먹고, 화장실도 갑니다. 잠도 자고요. 그 시간의 10%만 쪼개서 책도 읽고 자기 계발도 해보세요.

전업주부인데, 저도 돈을 벌고 싶어요

뭐부터 시작해야 할지 몰라서 두렵기도 하고, 남편의 반대도 겪으실 거예요. 실제 남편과 싸우는 분도 많이 봤어요. 왜 자신이 돈을 벌고 싶은지 남편과 솔직하게 이야기해 보세요.

전업주부들의 큰 고민은 콘텐츠가 없다는 건데요. 매일 아이와 있었던 일, 가정에서 벌어지는 일이 콘텐츠에요. 육아 경험을 블로그에 써도 되고요. 예상치 못했던 남편과의 다툼의 원인, 서로 어떻게 해결해 갔는지도 적어보세요. 아이들이 커가는 시기에 맞게 육아용품을 사면, 그 제품으로 공구를 진행해 보는 방법도 있고요. 나만의 살림 노하우를 영상으로 찍어서 알려줄 수도 있어요.

모객이 고민이에요

모객이 너무 어렵죠? 그래서 꾸준히 마케팅을 공부하고, 사람들의 관심사가 무엇인지 관찰하는 습관도 필요해요. 내가 언제 돈을 쓰는지 분석해 보셨나요? 물건을 살 때 고민 없이 사나요? 아니면 이것저것 살펴보고 사나요? 평소 필요했던 제품인가요? 필요 없었는데 광고 문구에 혹해서 샀나요? 저도 최근에 광고를 보고 산 제품이 몇 개 있는데요. 여러 번 노출이 되니까 처음에는 흥미가 있다가 나중에는 있으면 좋겠구나 싶어서 구매해야 하는 이유를 만들어 내고서야 샀어요. 즉, 소비자에게 흥미를 느끼도록 하는 광고 문구뿐만 아니라, 반복적으로 나를 드러내는 것도 필요하다는 거죠.

모객의 중심에는 고객이 있어요. 『오모테나시』 책도 꼭 읽어보세요.

콘텐츠가 없어도 돈을 벌 수 있나요?

이제부터 질문을 바꿔보시겠어요? "있어요. 없어요?"라는 양자 선택으로 한계를 짓는 질문보다는 "어떻게 하면 콘텐츠 없이도 돈을 벌 수 있을까?"라고 방법을 찾는 질문을 해보세요. 콘텐츠 없이도 돈을 벌 수 있습니다. 그런데 수업 때 알려드려도 하는 사람은 거의 없어요. "와. 그렇게도 돈을 벌 수 있었군요!"라고 감탄만 해요.

얼마 전 〈지자체 지원받으면서 여행하는 법〉 수업을 했어요. 여행 정보를 찾다 보면 내가 가지 못하는 일정이 있기도 하거든요. 그렇다면 그 정보를 콘텐츠로 만들어 보는 거죠. 간단한 이미지를 만들어서 여행 정보가 필요한 분들에게 인스타그램, 블로그로 정보를 공유해 보세요. 그게 어떻게 돈이 되냐고요? 지자체 지원 여행 정보는 여행 카테고리 중에서도 날카로운, 즉 틈새시장이에요. 수요층이 확실하죠. 그런 정보를 계속 알림으로써 나라는 사람을 브랜딩하는 것부터가 돈 버는 것의 시작이고요. 블로그 애드포스트를 하는 분들은 광고 수익도 얻을 수 있죠. 시간이 지나면 여행 정보 업체에서 나에게 콘텐츠를 만들어 달라고 요청할 수도 있고요.

『백만장자 메신저』에 나오는 연구 기반 메신저부터 시작해 보세요.

퇴사하고 싶어요

저와 상담하러 오시는 분 중 퇴사를 고민하는 사례가 많아요. 저는 묻습니다. "퇴사하려는 이유가 무엇이죠? 앞으로도 같은 문제가 생기면 또 그만둘 건가요? 아니면 하고 싶은 일이 생겨서 그만두는 건가요? 하고 싶은 일로 돈을 벌기까지 고정비를 어떻게 충당할 거죠?"

퇴사를 고민하는 분들은 대부분 회사만 그만두면 자신의 문제가 해결되고, 바로 돈을 벌 거로 생각해요. 아니면 반대로 돈을 벌기 어려우니까 마지못해 회사를 계속 다니기도 하고요. 지금부터는 회사를, 퇴사 준비 학교라고 생각하고 일해보세요. 1인기업을 준비하고 배울 수 있는 곳이라고요. 회사에서는 내가 맡은 일만 하면 돼요. 한정된 사람들과 연계해서 일하죠. 1인기업은 그 이상입니다. 지금 속한 곳에서부터 다시 시작해 보세요. 미래의 내 고객이라 생각하고 나를 힘들게 하는 동료나 상사도 바라보세요.

나만 뒤처진 것 같아요

같이 공부했던 사람 중에 바로 모임을 만들어서 돈을 버는 사람도 있고요. 내가 더 잘난 것 같은데 먼저 유명해진 사람도 있죠. 저도 1인기업을 하고 3년 차가 넘기 시작할 때쯤 이런 비교가 소용이 없다는 것을 머리가 아닌 마음으로 이해하기 시작했어요. "남과 비교하지 마라. 자신의 길을 가라." 이런 이야기 많이 하잖아요. 정말 그렇더라고요. 비교의 의미가 없어요. 각자 자신의 1인기업을 하기 때문이죠.

남이 나보다 돈을 더 많이 벌고 유명해지는 것 때문에 왜 속상해하죠? 그 시간에 내 고객의 문제를 찾고 해결하기 위한 노력을 해보세요. 초점을 고객에게 맞추세요. 시간이 지나서 뒤를 돌아보면 나보다 잘났던 사람 중에는 금방 포기한 경우도 있었고요. 돈을 많이 벌었다는 사람도 속사정은 다를 수 있어요. 눈에 보이는 것에 현혹되지 마세요.

2021년 6월 『오늘부터 1인기업』이 출간되고 3년이 흘렀습니다. 아직도 인스타그램을 통해 이 책을 읽은 분들이 감사 인사를 전해 올 때면 고맙기도 하고, 죄송한 마음도 있었어요. 『오늘부터 1인기업』은 초보 강사나 리더의 시작을 돕는 책입니다.

2018년 강의를 시작, 2023년에 6년 차가 됐습니다. 저처럼 중간 연차를 위한 지침서가 있으면 좋겠다는 생각에 다시 노트북을 열고 매일 아침 한 편씩 써 내려갔습니다. 〈배움을 돈으로 바꾸는 기술〉, 〈온라인 강사과정〉 수업 내용을 말이 아닌 글로 옮기는 과정을 통해 저와 대화하는 시간도 감사했습니다. 수업을 함께 한 수강생의 얼굴도 스쳐갔고, 일대일 코칭을 했던 고객은 지금 어떻게 지낼지 궁금했습니다. 수업 후 온라인을 통해 멋지게 강사로 활동하고 있는 수강생도 떠올랐고요. 다들 처음에는 막막하고 두려워했는데 훌쩍 성장해 있는 그들을 보면서 '그래도 내 방식이 틀리진 않았구나'라는 안도감도 있었습니다.

"이게 될까요? 제가 할 수 있을까요?"라고 묻는 수강생들에게 저는 항상 "네. 할 수 있어요. 해보세요. 당신도 나중에는 다른 사람들에게 저처럼 말할 겁니다."라고 대답해요. 이 책을 읽은 여러분들에게도 저는 이 한마디를 남기고 싶어요.

여러분은 원하는 삶을 살 수 있어요.
당신은 할 수 있어요.
이제 책을 덮고 세상으로 출발!

치앙마이 숙소에서